# "Un momento de la eternidad"

Vida de Ernest Nyáry, Arzobispo de Bagdad

# "Un momento de la eternidad"

*Vida de Ernest Nyáry, Arzobispo de Bagdad*

Éva Nyáry

Copyright © 2014 by Eva Nyary.

| | | |
|---|---|---|
| Library of Congress Control Number: | | 2014908291 |
| ISBN: | Hardcover | 978-1-4990-1210-1 |
| | Softcover | 978-1-4990-1211-8 |
| | eBook | 978-1-4990-1207-1 |

All rights reserved. No part of this book may be reproduced or transmitted in any form or by any means, electronic or mechanical, including photocopying, recording, or by any information storage and retrieval system, without permission in writing from the copyright owner.

Any people depicted in stock imagery provided by Thinkstock are models, and such images are being used for illustrative purposes only.
Certain stock imagery © Thinkstock.

This book was printed in the United States of America.

Scripture quotations marked KJV are from the Holy Bible, King James Version (Authorized Version). First published in 1611. Quoted from the KJV Classic Reference Bible, Copyright © 1983 by "http://www.zondervan.com/" Zondervan Corporation.

Rev. date: 05/01/2014

**To order additional copies of this book, contact:**
Xlibris LLC
1-888-795-4274
www.Xlibris.com
Orders@Xlibris.com
616855

# PREFACIO

## Arzobispo Ernest Nyáry, O.C.D.

La memoria del difunto Arzobispo Ernest Nyáry, O.C.D., merece el respeto con el que el libro, escrito por su sobrina, la condesa Éva Nyáry, le rinde tributo con mucho amor. Fue arzobispo latino de Bagdad entre 1972 y 1983, un periodo durante el cual fue un apóstol para todos los cristianos en la capital iraquí, no limitando sus actividades pastorales a los fieles del rito latino, sino cuidando también de fieles de Iglesias orientales, especialmente de los pobres, los desplazados y refugiados, y no exclusivamente de los cristianos.

Había dado ya muestra de su verdadera caridad y amor cristiano mientras estuvo en Francia en el convento carmelita de Avon, del cual fue prior, durante la Segunda Guerra Mundial, salvando numerosas vidas, entre otros, de judíos perseguidos.

Según el arzobispo Ernest, las guerras son la prueba de la ausencia de Dios en nuestras sociedades: *"La humanidad nunca saldrá adelante y se encontrará a si misma sin Dios y sin el orden moral"*.

Ojalá el ejemplo de este carmelita húngaro ayude a musulmanes, cristianos y demás iraquíes de hoy en día, a encontrar juntos una vida tranquila en su patria, que sea una gran contribución a la paz, tan necesaria en todo el Oriente Medio. Oremos por eso.

    Gregorios III
    Patriarca Greco Católico Melquita de Antioquía y todo el Oriente,
    de Alejandría y de Jerusalén

Sa Béatitude
**GREGORIOS III**
Patriarche Grec Melkite Catholique
d'Antioche et de tout l'Orient, d'Alexandrie et de Jerusalem

## Tarjeta de visita y escudo de armas

En la tarjeta de visita podemos leer: Mgr. Ernest Nyáry, Archevéque latin de Bagdad. Por encima de su escudo, en el que los campos heráldicos representan los capítulos de su vida, el sombrero verde de arzobispo; el escudo dividido en dos, abrazado por cuatro filas de borlas colgantes. En la parte izquierda del campo una montaña (el Gólgota), y un crucifijo en la parte superior, símbolo de la orden carmelita. El arzobispo pasó la mitad de su vida en la orden carmelita mendicante ofrecida a la Virgen María - Ordo Beate Mariae Virginis de Monte Carmelo - que recibió la "prior Régula" en 1226. El lado derecho del escudo se divide en varias partes: en la parte inferior, en un campo verde, un río plateado (el Danubio); encima, en un campo azul, el castillo de Bratislava (Presburgo) haciendo alusión al mundo de su juventud. Sobre el Danubio y el Castillo de Bratislava tres medias lunas plateadas, de nuevo en campo verde, en referencia al territorio de su actividad eclesiástica, el país de los musulmanes. Encima, una rosa plateada en un cuadrado rojo, la rosa mística, la rosa del sentido secreto. Bajo el escudo, en una cinta el lema del arzobispo Ernest Nyáry, una cita de la carta de San Pablo dirigida a los romanos (cap.12, vers.16): "non alta sapientes, sed humilibus consentientes", *"no seáis altivos en vuestro pensar, sino condescendiendo con los humildes"*. Otras interpretaciones del lema del Arzobispo también eran conocidas en la familia Nyáry, por ejemplo: *"no seáis ambiciosos, no deseéis alcanzar las alturas, porque encontraréis la alegría en las pequeñas cosas"*, o simple y brevemente: *"encontrad vuestra felicidad en aquello que es humilde"*.

## La familia, motivaciones

Conocí en el padre Ernest, mi tío, a un hombre de horizontes amplios aunque modesto, excelente conversador y persona de buen humor. Los miembros de su familia, la familia Nyáry, vivieron diseminados por el mundo entero como consecuencia de la Segunda Guerra Mundial, mientras su más joven hermano y su familia vivieron en Budapest.

Después de treinta años de ausencia, no fue hasta 1962 cuando pudo venir a Budapest por primera vez y encontrarse con los suyos. La capital húngara le parecía demasiado grande, la encontró una ciudad gris, donde la gente no hacía nada más que correr de un lado a otro; incluso su habla se aceleró como resultado del rápido discurrir de la vida. Solía decir: *"verdaderamente tenía que concentrarme para entender el discurso, anteriormente lento y rítmico".*

Sin embargo no olvidó su lengua materna, el húngaro. Solía leer la poesía de Sándor Petőfi y János Arany, a la que consideraba la cumbre de la poesía mundial. Vivió convencido de que la obra de Petőfi y Arany unía a la gente a su patria, su cuna y su tierra. Se apoderaba de él la nostalgia mientras leía estos poemas, que no disminuyó con el tiempo, a pesar de que se ocupaba del trabajo administrativo diario y el servicio eclesiástico (oficiaba, bautizaba, conducía ceremonias de confirmación, casaba, enterraba, nombraba, etc.). Su añoranza creció con los años, y de vez en cuando se le hacía insoportable.

Pudo visitar su tierra de origen, la Alta Hungría (actualmente Eslovaquia) desde finales de la década de los 70, naturalmente con el permiso de las autoridades competentes. "Se le toleraba" como visitante, como turista. En el lugar de residencia de su hermana, en Kossuth (Košuty), incluso podía celebrar misa en la parroquia, a puertas cerradas, excluyendo a los creyentes. Se le prohibió predicar, confesar, entonar cantos eclesiásticos; únicamente podía celebrar misas silenciosas para los miembros de la familia. También celebraba misa en el altar de la capilla situada en el jardín de la mansión de los Nyáry, donde sus parientes estaban enterrados, por supuesto en círculos estrictamente cerrados.

Cripta y capilla sepulcral de la familia Nyáry en Kossuth (en la fotografía Éva Nyáry y el barón Ferenc Fekete, hijo de Eszter Nyáry)

Mi padre, en mi infancia, en los años cincuenta, me hablaba mucho de la vida y las aventuras de infancia de mis padres y sus hermanos, incluyendo a su hermano Ernest que ya entonces vivía como arzobispo cristiano en Bagdad. Me habló de su vocación sacerdotal, del amor por su profesión, su arrojo y su carrera repleta de aventuras, una vida fabulosa. Mi tío, llevado lejos por la vida, que conservó su idioma y hablaba un bonito húngaro, respondía siempre encantado a mis curiosas preguntas cuando finalmente pudimos encontrarnos. Una vez le pregunté cómo un descendiente de una familia histórica húngara, un conde, un fraile carmelita, podía llegar a ser arzobispo de Bagdad. Me respondió sonriendo: *"Siendo francés, y el arzobispo católico romano de Iraq es un ciudadano francés desde 1848."*

El conde Ernest Károly Albert Nyáry, el padre Ernest, nació en la antigua familia Nyáry de Bedegh y Berencs. Su padre, el conde Károly József Kálmán Ernő Nyáry, nació el 20 de julio de 1880 en Kostyán

(Koštany nad Turcom, condado de Turiec, Eslovaquia) (†1935.). Estudió derecho, como sus antepasados. Su padre le cedió la propiedad y el Castillo de Túrócszentpéter (Turčiansky Peter) cuando alcanzó la mayoría de edad. Mientras su abuelo vivió, un juez de instrucción de distrito retirado y miembro permanente de la Cámara Alta, gestionó las propiedades de Koštany nad Turcom, Turčiansky Peter, Nagybucsány (Bučany) y Zsitvaújfalu (Nova Ves nad Žitavou).

Ernest Nyáry monje carmelita con su madre

Károly Nyáry fue un hombre realmente apuesto, las mujeres lo adoraban. Más tarde fue un gran padre de familia. Era cazador reconocido, experto en caballos de carreras, excelente entendido de arte, un generoso y cercano anfitrión con sus invitados. Ilustres e influyentes terratenientes, nobles y aristócratas procedentes del extranjero, eran a menudo recibidos en los palacios de los Nyáry en Bratislava (el castillo de Bratislava les pertenecía todavía en la época) y en otros castillos en el campo. Solía recibir a sus cercanos en su despacho, donde podían conversar acerca de la actualidad política y de las medidas asociadas necesarias en cómodos sillones de cuero acompañados de buen brandy. "Nosotros, los niños, mirábamos a Papá como alguien que estaba por encima de todos en elegancia, deportes y conocimiento cultural", recordaba Ernest Nyáry. Su hija menor, Blanka, recordaba así: "Mi padre era un coleccionista de arte, mi entorno era un museo". Además de una imponente galería de trofeos y pinturas, Károly Nyáry tenía una impresionante biblioteca, y completaba su importante colección de arte con piezas exóticas. Su piso estaba decorado con preciosas esculturas africanas. Estaba especialmente orgulloso de una talla, de pie sobre un zócalo individual en un lugar particular en el salón del castillo. "Lo traje de Borneo" - señalaba. "Esta pieza es el orgullo de la colección de papá, hacedle un cumplido" - susurraba de vez en cuando a los invitados Eszter, la hermana de Ernest, que había heredado la belleza de su madre además de las habilidades intelectuales de sus padres.

Károly Nyáry gestionó las propiedades de los Nyáry en las regiones de Bars, Nyitra y Bratislava. También fue propietario del Palacio de Bratislava, quizás el más bello palacio barroco de la ciudad. Desposó a la deslumbrante baronesa Lenke Magdolna Mária Ágnes Erzsébet Fekete de Galanta (1885-1961) el 16 de noviembre de 1904, cuando ésta tenía sólo 19 años. "Mamita" la llamaban sus hijos. Fue una mujer educada y experimentada que pasaba largos periodos en Mónaco. Siete niños nacieron de su matrimonio: Kálmán nació en 1905, Ernő (Ernest) en 1906, Eszter en 1908, József en 1913, Vilmos en 1916, Blanka en 1917 y finalmente Károly en 1918.

El Castillo de Bratislava

Escudo de armas de los
Nyáry - Esterházy sobre el
tympanon del palacio

Escudo de armas familiar de los
Nyáry

Como hemos mencionado, los padres tenían una intensa vida social. Muchos invitados pasaron por su Palacio de Bratislava, pero también viajaban mucho para ver a familiares y amigos, o simplemente para ver mundo. Es por ello que su hija, Eszter, nació en Montecarlo. Los dos hermanos mayores comenzaron a hablar francés durante las frecuentes estancias allí. Cuando la familia no viajaba, pasaba los veranos en su propiedad de Nova Ves nad Žitavou y los inviernos en Bratislava.

Condesa Károlyné Nyáry
Baronesa Lenke Fekete
(+1961)

Conde Károly Nyáry
(+1935)

Condesa Lenke Nyáry
(mamita) - Kálmán y Ernest

Los hijos Nyáry

El castillo de los Nyáry en Nova Ves nad Žitavou - Eszter, Kálmán y Ernest con el personal

Idilio familiar en Nova Ves nad Žitavou

Paseo por el parque de la mansión

El castillo de los Nyáry en Nova Ves nad Žitavou

Idilio familiar en el castillo

18            EVA NYARY

Los niños fueron educados por maestros privados en idiomas, etiqueta, piano y tenis. Todos los miembros de la familia eran jugadores de tenis excepcionales, ganando a menudo premios en los torneos de tenis próximos. La composición musical era parte integrante de la vida familiar. En Zsitvaújfalu, (Nová Ves nad Žitavou) en el condado de Bars, uno podía escuchar a menudo a la orquesta familiar de los Nyáry. La madre tocaba el piano, los niños mayores el violín. Ernest, que gastaba sus ahorros en entradas de conciertos, a menudo interpretaba solos de violín en las celebraciones escolares. Los pequeños de la familia Nyáry actuaban en obras de teatro dirigidas por ellos mismos para su propio entretenimiento. Los hermanos mayores contemplaban las actuaciones con interés y benevolencia.

Ernest Nyáry manifestó su atracción por Dios y la Iglesia desde la infancia. Vivió una magnífica y rica vida espiritual como niño. Apreciaba mucho a su hermana Eszter, muchos recuerdos agradables la unían a ella. En la adolescencia viajaron en bicicleta a Roma para visitar lugares sagrados, y a su vuelta mencionó por primera vez a su madre su atracción por la vocación sacerdotal, algo que a ella no la agradaba en exceso.


**Comienzo de su educación**

Ernest Nyáry terminó la escuela primaria en Bratislava. Comenzó la escuela secundaria en Nagyszombat (Trnava) en 1916, en la Escuela Arzobispal. La residencia de estudiantes le proporcionaba la tutela, el alojamiento y la manutención. El niño se adhirió a la Congregación de María, manifestando así su compromiso religioso. Terminó el primer grado de la educación secundaria con excelentes notas. Participó en los círculos científicos y culturales organizados por el profesor Mr. Kovács, del que su alumno presidente era su compañero de clase Béla Fieszl, y el secretario general él mismo. Actuó incluso en una de las obras escolares tradicionales del carnaval de la escuela. Tuvo un papel en la patriótica obra de teatro escrita para jóvenes por Kálmán Radványi (1887-1943). Fue premiado en un concurso vacacional. Fue miembro consejero del cuerpo de oficiales de la Congregación de María mientras fue alumno de segundo grado. Siguió siendo alumno ejemplar, y junto a los estudios desarrolló un papel importante en la vida cultural de la escuela. Actuó en el solemne encuentro organizado en honor de San Luis Gonzaga y de la Reina de Mayo. Tuvo también un papel en una pieza de cuatro actos.

En otoño del año 1918, en la víspera del colapso del ejército de la monarquía austro-húngara, los padres de Ernest Nyáry le inscribieron en el Instituto Católico de la Fundación Pius, en Pécs, bajo dirección de los jesuitas. Sólo pudo estar algunos meses en la institución, ya que debido a la revolucionaria situación, no pudo volver a Pécs después de unas vacaciones escolares pasadas en su hogar. Los dos hijos mayores de Károly Nyáry fueron estudiantes privados, un instructor jubilado fue contratado.

## Consecuencias de la Primera Guerra Mundial

La Primera Guerra Mundial y sus consecuencias, la incertitud económica, la formación de Checoslovaquia y la anexión a ella de la región de la Alta Hungría, causaron significativas pérdidas a la familia Nyáry.

Károly Nyáry alquiló un ala del primer piso del palacio de Bratislava al príncipe Odescalchi Livius desde el comienzo de la guerra, su mujer y su hija más joven seguían ocupando la mitad del castillo por entonces. Se vieron forzados a vender la mayoría de sus 4500 acres en propiedad por debajo de su valor real, precisamente en el peor momento. *"El dinero obtenido se devaluó rápidamente o se invirtió equivocadamente"* - recordaba el padre Ernest acerca de este periodo de su vida. Su padre permaneció en Bratislava, y decidió vender el Castillo de Bratislava. Posteriormente se trasladó a Praga y se ocupó con la venta y compra de cuadros. Su madre y su hija Eszter retornaron al nuevo hogar familiar en Nemeskosut (Kosuty).

El 16 de abril de 1919 el Ejército Real de Rumanía lanzó un ataque a lo largo de toda la línea de demarcación contra la "República Soviética" de Hungría y avanzó al territorio comprendido entre los ríos Somes y Mures. La división Székely que protegía esta línea se retiró hacia el norte. Las tropas rumanas habían ocupado ya Szatmárnémeti (Satu Mare) el 19 de abril. Ese mismo día Ernest, después de los cuentos de noche en la cama, escuchó susurros en voz baja. Se deslizó en pijama y se aproximó a la puerta cerrada del despacho. Pegó la oreja al hueco de la cerradura y escuchó, temblando, la suave voz de su padre: "Las tropas rumanas bajo pretexto de leer un pregón en la plaza central de la ciudad Köröstárkány (Tărcaia, Rumanía) en el condado de Bihar, convocaron a la población y abrieron fuego contra los habitantes desarmados. La matanza ha causado la muerte de noventa y una personas de edades comprendidas entre los dieciséis y los ochenta años. En el pueblo vecino, Kisnyégerfalva (Grădinari, Rumanía), diecisiete húngaros inocentes fueron masacrados". Ernest a duras penas pudo conciliar el sueño después de escuchar todos de estos horrores, pero ocultó a sus pequeños hermanos estas noticias que conoció en secreto.

La miseria existente entre las minorías, causada por la derrota en la guerra, la invasión checa y el posterior Tratado de París (Trianon), afectaron gravemente a la familia Nyáry. La situación financiera se fue deteriorando desde el estallido de la guerra, las fincas apenas producían beneficios y los ingresos eran inexistentes. La familia no podía mantener las residencias más grandes, y pasado un tiempo, ni siquiera las tierras. Su padre, Károly Nyáry, vendía propiedad tras propiedad por debajo de su valor real, y el dinero producido se devaluaba rápidamente.

La familia se separó. Su hermana Eszter se quedó con su madre en la mansión de Nemeskosút. Su hermana pequeña Blanka se casó y estableció en los Estados Unidos con su marido. Su hermano pequeño, József, mi padre, considerado muy talentoso por sus padres, estudió en la Facultad de Medicina de la Universidad de Debrecen. Károly, el más pequeño de los hermanos, se trasladó a Budapest, viviendo al principio subalquilado, y fue contratado en una fábrica de caucho.

## De nuevo en la escuela, la carrera

Ernest Nyáry y su hermano pequeño pudieron continuar sus estudios en la Escuela de Escolapios de Vác en 1922. Fue alejado del hogar familiar, vivía con extranjeros. Aquí terminó los cursos séptimo y octavo, y se graduó con honores en esta escuela en 1924.

Posteriormente se trasladó a Viena. Tenía la ilusión de convertirse en investigador químico, sin embargo no fue admitido en la Facultad de Químicas de la Universidad de Viena debido a su falta de conocimientos en geometría descriptiva. Admitió que primeramente debía adquirir una base financiera para ser capaz de compaginar vida y estudios. Se inscribió en la Escuela de Comercio Exterior el mismo

# UN MOMENTO DE LA ETERNIDAD

año, a pesar de no poseer la más mínima vocación hacia este campo. No podía entonces imaginar que esta formación le sería de gran ayuda en periodos posteriores de su vida.

Posteriormente a su graduación en la Escuela de Comercio, retornó a su "nuevo" país, Checoslovaquia, en 1928. Completó los dieciocho meses obligatorios de servicio militar en el ejército checoslovaco, donde acabó la escuela de oficiales de artillería, y terminó su servicio como teniente en 1930.

## Paris, el despertar de la vocación sacerdotal

Ernest había viajado a París antes de comenzar su servicio militar. Se encontraba sentado en un banco cuando una luz le iluminó la mente y la idea de ofrecer su vida y su futuro a la protección de Nuestra Señora de Lourdes cruzó por su cabeza. Llegó a Lourdes en bicicleta en la noche del 29 de junio de 1928. Participó en la misa sagrada de Tarbes el mismo día por la mañana, donde en la predicación se puso en evidencia la falta de curas. Se unió a los peregrinos españoles llegando a Lourdes, y entre ellos descubrió la verdadera vida espiritual. A continuación se planteó una pregunta: *¿A dónde voy?*. La respuesta la obtuvo meditando en la Gruta de las Revelaciones. Allí sintió por primera vez que *"Dios, la Virgen María, los ángeles y los Santos estaban con nosotros"*. Explicó este descubrimiento con una simplicidad y pureza extraordinarias mucho después a sus compañeros curas en Nová Ves nad Žitavou.

Aunque diversos sacerdotes contribuyeron a su maduración y profundizando en su vocación como sacerdote, fue ahí, en Lourdes, donde se comprometió definitivamente consigo mismo para servir a Dios. Tiempo después fue ayudado por un padre jesuita de Praga y por el regente del seminario de Innsbruck, pero especialmente por el sacerdote de Konnersreuth y por una de las más interesantes estigmatizadas de nuestra época, Theresa Neumann, que disponía de unas sorprendentes habilidades sobrenaturales.

Ernest Nyáry volvió a Paris después de su servicio militar. Deseaba crearse un sustento y salir adelante por si mismo trabajando duramente. Estaba encantado de volver a esta ciudad, muchas agradables experiencias de juventud le mantenían unido a ella, y ya desde entonces se sintió atraído por la lengua francesa. Pensaba que París estaba lo suficientemente lejos de su familia para que esta intercediera en su proyecto, ya que sus padres aún se oponían a su deseo de convertirse en sacerdote.

Se instaló en modestos alojamientos, gastó poco dinero, sólo lo necesario para las comodidades más básicas. Se dedicó a la búsqueda de un empleo, y finalmente lo encontró en una empresa comercial. Por entonces ya dominaba el inglés, alemán y francés. Su elegancia, inteligencia y atractivo presentaban muchas ventajas a su favor. La sonrisa del joven moreno, de ojos azules, tenía un encanto especial. El amable, limpio, guapo, caballeroso y educado joven era apreciado en su entorno. No fue por casualidad que la hija del jefe, Jacqueline, se encontrara entre sus pretendientes. Ella se dedicaba a pasar el mayor tiempo posible junto a Ernest, si era posible en su compañía. Quizás debido a este afecto, el distinguido y políglota joven, que tomaba las decisiones correctas en situaciones estratégicas, recibió una oferta a través del padre de Jacqueline en un distinguido banco internacional, que inmediatamente aceptó. Trabajó a cambio de una alta remuneración en su nuevo trabajo, así que pronto dispuso de ahorros.

Practicaba deportes y viajaba en su tiempo libre, le gustaba ver mundo. Por entonces contaba con numerosas amistades, incluso novias, pero nunca llegó a pensar en el matrimonio. Jacqueline buscaba todos los días al atractivo húngaro, incluso le invitó un día para presentarle a su madre, pero Ernest encontró la invitación demasiado precipitada, y organizó un programa en lugar del propuesto por su admiradora. Entre tanto pensó: *"no pueden engatusar a un hombre cuya alma está habitada por la inquietud de una importante tarea"*.

Después de estar viviendo en Paris durante tres años, tuvo conocimiento por primera vez acerca de Theresa Neumann, la estigmatizada, durante sus viajes europeos. Deseaba aprender más acerca de la mujer de vida santa, y esperaba con impaciencia el encuentro personal con ella. Confiaba obtener de ella una orientación acerca de su futura vida. Theresa Neumann, que residía en Konnersreuth, recibía multitud de visitas. Los visitantes solían escribir en un pequeño trozo de papel el motivo por el que deseaban su consejo espiritual. Ernest hizo lo propio, y Theresa le recibió en primer lugar.

Theresa Neumann nació en una humilde familia de campesinos de Baviera. Vivió de trabajos físicos ocasionales, hasta que fue atacada

# UN MOMENTO DE LA ETERNIDAD

por numerosas enfermedades. Estaba paralizada debido a un incendio ocurrido el 10 de octubre de 1918, y quedó ciega un año después. Pero, como si de un milagro se tratara, recuperó la visión el día de la beatificación de Teresa des Lisieux (Teresa del Niño Jesús), el 29 de abril de 1923. Más tarde, el 5 de marzo de 1926, Viernes Santo, una herida apareció justo encima de su corazón, pero no prestó demasiada atención al hecho en ese momento. Poco tiempo después, tuvo una visión especial. Vio a Jesús de Nazaret con los apóstoles en el Monte de los Olivos. Todas y cada una de sus anteriores dolencias fueron sanadas sin dejar rastro después de esta visión. Pero algunos días después de su milagrosa curación, aparecieron algunos estigmas sobre su cuerpo. Tuvo otra visión en Sábado Santo, vio la resurrección de Cristo, que relató a su sacerdote confesor. Desde entonces, estuvo viviendo el sufrimiento de Cristo cada viernes durante 32 años. Sus sufrimientos eran especialmente intensos los Viernes Santos. A menudo se encontraba inconsciente, y no hablaba su idioma materno, sino lo que diversos lingüistas aseguraron era arameo, que ella desconocía por completo. Los sufrimientos y estigmas de Theresa Neumann aparecían solamente durante dos días, los viernes y los sábados, y para los domingos por la mañana desaparecían y ya no podía encontrar rastro alguno de ellos.

Las conversaciones con la estigmatizada Theresa confirmaron la decisión de Ernest Nyáry de elegir la profesión sacerdotal.

### Preparación para el servicio de Dios

Ernest volvió a Paris y se despidió de sus amigos. La despedida de Jacqueline, llena de lágrimas y emociones, le llevó un día completo. Aunque la mujer le imploraba envuelta en lágrimas, la decisión de Ernest se mantuvo firme. Compró billetes en su primer día de descanso, y viajó a casa para ver a sus padres y ponerles en conocimiento de lo definitivo de su decisión, de que había elegido la carrera sacerdotal a pesar de la oposición de sus propios padres. Su padre había estado ya gravemente enfermo (falleció en 1935); los acontecimientos históricos, la pérdida de sus propiedades y la desintegración familiar habían castigado su cuerpo. Los padres trataron de disuadirle por una última vez de su dedicación al servicio de la Iglesia y a Dios. Finalmente, su madre bendijo los proyectos de su hijo y le dejó marchar.

Ernest viajó en primer lugar a Debrecen para ver a su hermano Joseph Nyáry, mi padre, que había elegido la carrera de médico. Después de largos discursos, que pusieron en prueba alma y corazón, y una dolorosa despedida, Ernest volvió a Paris para romper y cambiar radicalmente con su antiguo estilo de vida.

Se inscribió en la Facultad de Teología de la Universidad de Innsbruck como estudiante civil en 1930, y terminó con buenas notas sus estudios en filosofía escolástica. En 1932 tuvo que optar finalmente por volver a la vida secular, o dedicar irrevocablemente su vida a Dios. Si decidía dedicar su vida a Dios, debía elegir igualmente entre convertirse en sacerdote o en monje. Participaba en ejercicios espirituales con jesuitas, así que decidió convertirse en monje, y pidió su admisión para entrar en la Orden de los Carmelitas, en la demarcación francesa. Cruzó el umbral del monasterio de Lille el 15 de octubre de 1932, donde acabó sus estudios teológicos con excelentes resultados.

La madre de Ernest, resignada a la decisión de su hijo, le auguraba una brillante carrera sacerdotal. Su hijo se le había aparecido espiritualmente frente de sus ojos como obispo. Ernest sufrió profundamente la pérdida de su padre. Echaba de menos a su madre diariamente y a su padre, especialmente desde su muerte. Cada noche oraba a la Gran Señora de los Húngaros, la madre Virgen, pidiendo a la madre de Jesús que le ayudara a encontrar su paz interior. Rezaba hasta tarde durante las noches y se despertaba a menudo con el libro de oraciones entre las manos.

El futuro fraile deseaba en realidad convertirse en misionero, y como otros muchos monjes quería llegar hasta China para desarrollar su actividad. ¿Qué llevó a este joven, bien informado en la vida profana, bien relacionado en la vida social, exitoso con las mujeres, elegir repentinamente el servicio devoto hacia Dios, la Iglesia y los creyentes? Debemos retroceder algunos años en el tiempo para responder verdaderamente a esta pregunta. La razón principal reside en la concepción profundamente religiosa de sus padres, aunque ellos no aprobaran el deseo de su hijo de acceder a la carrera eclesiástica. Károly Nyáry llevó hasta su muerte el escapulario de la Virgen del Monte Carmelo. Ernest siempre había reverenciado a la Virgen Inmaculada, y como joven estudiante de secundaria fue miembro de la

Congregación de María. Le gustaba escribir poesía. Como estudiante escribió un poema inspirado en la llama eterna:

"Oh, tu, feliz lámpara eterna,
en el templo sagrado de Dios
Ardes y ardes incesante
nunca aburrida nunca
si pudiera mi alma arder así
como la lámpara incesante
nunca cansada nunca."

Solía jugar "al ermitaño" y "celebraba misas santas "un su infancia. Se retiraba con su hermana Eszter a la "gruta" construida por él mismo. Los jóvenes "ermitaños" comían bayas y semillas mientras rezaban. Eszter tenía un bonito altar barroco completamente equipado. Era el pasatiempo preferido de los dos jóvenes, en el que Ernest hacía de "sacerdote" y su hermana era "el monaguillo". Eszter aprendió las respuestas en latín, y celebraban la santa misa juntos. Repetirían la ceremonia de la misa sesenta años después, cuando Eszter pudo viajar a Bagdad, en la capilla de la casa del arzobispo, donde Eszter sirvió en la misa de su hermano.

## Las primeras misas santas del joven fraile

Ernest Nyáry fue nombrado sacerdote en Lille por el famoso cardenal Liénart, pastor principal de la Orden Carmelita, el 22 de mayo de 1937. Ofició su primera santa misa en la iglesia local de la orden de los carmelitas, recordando décadas más tarde *"fue una verdadera fiesta de acción y gracias, animándonos con gozo duradero a continuar con tenacidad en la batalla"*. Su buena sensación se vio completada por la llegada a la memorable santa misa de una numerosa delegación húngara del norte de Francia.

Ordenación de Ernest Nyáry

Thierry d'Argenlieu fue el asistente en esta ocasión del padre Ernest, que contaba también con una carrera ciertamente inusual. Había servido en la Armada Francesa como oficial de la marina antes de entrar en la Orden. En 1940 retomó de nuevo las funciones como oficial de la marina gracias a una autorización eclesiástica. Reorganizó como almirante la Armada Francesa y fue mano derecha de Charles de Gaulle.

Ernest Nyáry ofició su segunda primera misa en su tierra natal, en Nová Ves nad Žitavou, durante su mes de vacaciones, el 5 de agosto de 1937, con la ayuda de tres curas cercanos a él. Esta ocasión permanecería como recuerdo inolvidable en su corazón para siempre. El hijo del antiguo propietario del pueblo, el ex alumno, fue recibido por multitud de parientes y devotos fieles del pueblo con una iglesia decorada y con un arco del triunfo.

Llegó a decir, meditando acerca de este evento: *"Si alguien preguntara, ¿por qué escribís 1937? Le diríamos, porque estamos 1937 años después de Cristo, y ajustamos el calendario a esto. Entonces preguntaría: ¿por qué es el domingo tu día libre? Diríamos, porque la resurrección fue entonces, y la celebramos. La lengua rusa ha mantenido bien esto, domingo se dice "voskresenje", palabra que*

# UN MOMENTO DE LA ETERNIDAD

*significa resurrección. Bueno, cuando Brezhnev dijo que nos veríamos en la Plaza Roja en el desfile militar del domingo, entonces dijo que quedaríamos ahí el día de la resurrección.*

*Si alguien nos pidiera que le enseñáramos nuestros bonitos edificios en Europa, le enseñaríamos principalmente las iglesias: la Basílica de Colonia, Florencia, Milán y Roma, la catedral de Notre Dame de París. Si preguntara por la cultura: pintura y escultura, y enseñaríamos obras de Michelangelo, Leonardo, Rembrandt, Giotto, Tiziano y nuestra Trilogía de Munkácsy; todas son de inspiración cristiana.*

*Entonces preguntaría por el origen de nuestros fantásticos resultados científicos. Y podríamos citar a Einstein: la ciencia sin religión se queda coja, y la religión es ciega sin la ciencia. Max Plank y Heisenberg: cuando bebes la primera gota del vaso del conocimiento, uno se vuelve fácilmente ateo, pero al final Dios siempre está ahí. También podríamos citar a Pascal, o a nuestro János Neumann, considerado por los científicos como el gran genio, incluso más grande que Einstein. Alcanzó su fe por un método matemático real, pero su cita es evidente: si vivo como Cristo sugiere no puedo tener problemas, incluso si la resurrección no es verdadera, pero si es verdadera y no vivo según nos enseña el Evangelio, puedo meterme en serios problemas.*

*Si añadiéramos que todos los sistemas legales europeos, constituciones, están construidas bajo teorías cristianas, estaría fuertemente asombrado. Estaría sorprendido de que sólo hay una religión con el principio de amor fraternal activo, y esta es el Cristianismo.*

## El retorno a Francia, la ocupación alemana.

Ernest aún celebró una última misa de despedida en su ciudad antes de partir, y a continuación acudió al cementerio a ver la tumba de su padre. Una mujer del pueblo le reconoció y le mostró con entusiasmo la imagen que se repartió a los creyentes en su primera santa misa que guardada en su libro de oraciones.

Había invitado a la santa misa de despedida a József Mindszenty, que había sido participante activo en las reuniones sacerdotales nacionales y regionales que trataban los asuntos sociales del país, además de realizar sus tareas eclesiásticas habituales, y había sido nombrado prelado papal del Vaticano ese mismo año. La tarea de Mindszenty consistió en procurar que, además de las enseñanzas de las encíclicas sociales, los principios morales cristianos prevalecieran con más fuerza. El futuro cardenal había ya avisado por entonces de los peligros que representaban el comunismo y el nacionalsocialismo, y se enfrentaba claramente con las concepciones de los dos regímenes.

Padre József Mindszenty

Padre Ernest Nyáry

Había nacido una amistad en el encuentro entre Ernest Nyáry y József Mindszenty. El joven fraile le comentó al prelado papal, que algunos meses atrás había conocido al gran maestre de la Orden de los Caballeros de San Lázaro, quien le había invitado a la Orden. Su comentario despertó el interés de Mindszenty, tanto que ambos decidieron ser nombrados Caballeros de San Lázaro. Esta decisión fue seguida por el acto: ambos fueron investidos caballeros por el gran maestre en persona, Francisco de Paula de Borbón, en 1938.

Después del retorno del joven monje a Francia, sus superiores le destinaron a Avon, cerca de Fontainebleau, donde primeramente estuvo como procurador del internado de estudiantes, y dos años después fue nombrado Prior, con los poderes completos de la Abadía.

## Otro golpe: la Segunda Guerra Mundial

Cada vez se hacía más evidente en los años treinta, especialmente debido a las potentes políticas alemanas, que la Segunda Guerra Mundial era inevitable. El Anschluss en 1938, la invasión de Checoslovaquia en 1939, la posterior invasión de Polonia y desde 1940 la Guerra Relámpago (Blitzkrieg) transformaron gradualmente al continente europeo en un gran campo de batalla. Los alemanes comenzaron invadiendo Dinamarca, Noruega, Luxemburgo, Holanda y Bélgica. Comenzaron las aproximaciones a Francia y Reino Unido. Las tierras francesas pasaron a los poderes del Eje en junio de 1940, con el apoyo del gobierno de Pétain.

La gradual separación entre personas, primeramente por razas y en segundo lugar por ideas políticas, comenzó por parte de los alemanes en los territorios ocupados. La prohibición de la emigración de judíos del Tercer Reich y de la Europa ocupada se hizo efectiva el 23 de octubre de 1941. El objetivo primordial de los alemanes pasó del aislamiento social y territorial a su destrucción física. Las deportaciones cubrieron la totalidad de los territorios ocupados por la Alemania Nazi. Las SS transportaron a la totalidad de la población judía de Europa occidental y los Balcanes a los campos de exterminio de Europa del Este a partir de 1941.

Las organizaciones y reorganizaciones de territorio y fronteras debidas a los movimientos de Alemania, sus aliados y acuerdos, afectaron a la familia Nyáry gradualmente. Ernest recibió una carta de su madre en 1938 informándole de que la región de la Alta Hungría iba a ser anexionada de nuevo a Hungría. De hecho, la decisión de Viena de 1938 reanexó una parte de la Región Alta a Hungría, aliada de los alemanes. Nová Ves nad Žitavou volvió a formar parte de Hungría por un corto periodo de tiempo, pero una delimitación posterior de fronteras lo devolvió a Checoslovaquia. Un tratado entre Hungría y Checoslovaquia hizo posible realizar un cambio de tierras. El tratado entre Hungría y Checoslovaquia hizo posible el intercambio de propiedades entre los propietarios húngaros y checoslovacos, más exactamente entre eslovacos y húngaros, y de trasladarse al otro país. La familia Nyáry obtuvo una propiedad y una casa en el condado de Bratislava a cambio de la finca y el castillo de Nová Ves nad Žitavou. Pero poco tiempo después este territorio fue devuelto de nuevo a Checoslovaquia, convirtiéndose en otra propiedad perdida por la familia Nyáry. La re-anexión de una parte de la Alta Hungría era una buena y feliz noticia que el padre Ernest compartió con júbilo con sus colegas sacerdotes.

## Los alemanes ocupan Francia

Sin embargo la felicidad del padre Ernest no duraría mucho. Unos años después la Segunda Guerra Mundial comenzó. Como ciudadano checoslovaco no estaba implicado en la movilización de tropas francesa. Francia consideraba a Checoslovaquia país amigo, así que al joven sacerdote no le afectó ninguna discriminación desventajosa. Mientras sus colegas franceses abandonaron temporalmente el convento, ya que tuvieron que dejar Avon antes de su ocupación por tropas alemanas, él permaneció junto a un viejo carmelita. Sus grandes conocimientos del alemán influyeron sin duda en esta decisión. Los monjes le confiaron las llaves del convento al prior de origen húngaro. Por una cruel ironía del destino, el viejo monje murió la primera noche. Un cura francés en plena huída que pasaba por allí, le asistió en el entierro del viejo, pero dos días después abandonó el edificio. El padre Ernest se había quedado solo en el convento.

Los actos antijudíos se aceleraron gradualmente en Francia a partir de la primavera de 1942, llevados a cabo para satisfacer al Tercer Reich, especialmente después de la ocupación nazi del 11 de noviembre. Miles de personas fueron registradas, marcadas, reunidas en guetos y trasportadas en convoyes de vagones de ganado a campos de exterminio. Ernest Nyáry estaba perfectamente al tanto de todo lo que ocurría en Europa, incluso en su aislamiento monástico. Además de los rumores, la prensa y las noticias de la radio, las escalofriantes cartas de su madre enviadas desde Eslovaquia le mantenían informado; en ellas hablaba de las condiciones inhumanas de los judíos, reunidos en guetos y deportados.

El padre Ernest, creyendo cada vez más profundamente en su predestinación al servicio monástico, con una fe inquebrantable, estaba realmente impresionado por el derrumbamiento del orden moral mundial, una cualidad en la que había creído anteriormente. Experimentó un fuerte conflicto espiritual, constatando que los testimonios de la Biblia que le habían servido como ejemplo para toda

# UN MOMENTO DE LA ETERNIDAD

su vida y sus actos, eran ahora pisoteados por botas bárbaras día tras día.

Cada vez creía más en que: *"la humanidad en absoluto saldrá adelante ni se encontrará jamás a si misma sin Dios y sin el orden moral mundial, porque la humanidad, que no se compone de individuos conscientes, un día se verá forzada a destruirse a sí misma y al mundo, porque no existe ningún orden moral que la pueda parar en el camino de la destrucción."*

## El Salvador

Cuando sus compañeros monjes abandonaron el convento, el padre Ernest se quedó solo, con miedo al futuro se dirigió a Dios y pasó los días rezando. Cuando los alemanes alcanzaron Avon, guiado por una inspiración interna, se subió a su bicicleta con un sencillo hábito monástico y con una bandera blanca entre sus manos salió a su encuentro, como si fuera el primer hombre del pueblo. Les explicó que era un fraile carmelita húngaro, un ciudadano aliado. Les anunció que el pueblo de Avon se rendía, pero que a cambio se evitara un derramamiento de sangre en el pueblo. Esperaba que la bandera blanca izada sobre la puerta protegiera su convento de los alemanes.

Una noche, cuando justo acababa de cenar, el timbre de la puerta sonó. Una joven mujer judía estaba de pie frente al convento con su hijo, abrazándolo fuertemente. Imploró al padre que le dejara entrar y les proporcionara refugio. Su marido había sido deportado por los alemanes y a ella y a su hijo les buscaban.

El padre Ernest se encontró antes dos importantes dilemas. Su conciencia estaba desgarrada. Era consciente de la recientemente introducida ley marcial en Francia, y sabía que si intentaba acoger y esconder a un solo judío y los alemanes se enteraban, podrían inspeccionar el edificio, y si encontraban al refugiado, podían arrasar el convento. Esto pudo costarle la vida al padre Ernest, ya que podía ser ejecutado. Sin embargo, viendo la desesperación de la mujer y al niño aterrorizado, para los que él significaba la única posibilidad de refugio, sintió sin ninguna duda que debía ayudarlos. Al mismo tiempo pensó que no podría vivir con la idea de poder ayudar a alguien y no hacerlo, de salvar a alguien de sus sufrimientos, aun conociendo los riesgos que comportaba, aún a riesgo de su propia vida. No podía imaginar no hacer todo aquello que su moralidad humana y eclesiástica le dictaba. Pensaba igualmente que si él no les ayudaba, no traicionaría la ayuda de asilo, pero justo en el momento preciso, cuando debía actuar, permaneció quieto. Estaba siendo cobarde cuando se suponía que debía ser valiente. Ninguna autoridad en la tierra le desacreditaría formalmente por esta omisión, pero no había autoridad en el Cielo y la Tierra que exonerara su conciencia y remordimiento ante tal omisión.

Ernest Nyáry tomó la decisión, la única respuesta posible para un cura profundamente creyente. Justificó su determinación, el peso de actos alimentados por su fe. Dejó entrar a la mujer y el niño hasta la más remota habitación del convento, y les ofreció cama y una modesta cena. Al día siguiente salió del convento para dar una vuelta, vestido en su hábito de fraile. Hacían registros por todas partes. También vio cómo soldados alemanes conducían en largas filas a los judíos. La calle estaba alborotada, se escuchaban órdenes de soldados alemanes y gemidos de los judíos, reunidos para ser deportados. Compró algo de pan, leche, conservas y otros víveres, lo que encontró disponible en la pequeña tienda que permanecía abierta, y emprendió con rapidez el camino de vuelta al convento. El mismo día realizó otra salida para comprar comida. Colocó un cesto en su bicicleta. Evitó las zonas cerradas por los alemanes. Supo que después de lo sucedido podría esperar a otros muchos refugiados buscando protección en el convento.

Y así ocurrió. Durante toda la noche llegaron mujeres judías desesperadas, con sus hijos, a las que iba alojando en orden de llegada. Más tarde no sólo mujeres, hombres también comenzaron a llegar. Todos ellos sin hogar, desaliñados, con ropas rasgadas y una pequeña bolsa a sus espaldas. El padre Ernest nunca preguntó a nadie quién era. De vez en cuando podía discernir, por las conversaciones que mantenía, quiénes eran, cómo habían llegado al convento y por qué huían. El Padre escribió en su diario después de una larga conversación: *"Él y yo, ambos sentimos que nos enriquecimos"*.

Las mujeres escuchaban atentamente, abrazándose las unas a las otras, las conversaciones del padre Ernest con los refugiados. Éstos comentaban que las permanentes marchas de los soldados alemanes, las denuncias, y la ocultación perpetua eran ya insoportables para ellos: *"El insoportable miedo día y noche, en sus casas y en la calle . . ."*. No tenían hogar, eran indigentes en su propio país, vagaban, se escondían sin documentos, estaban simplemente en la vida, aquí y allá, no esperaban ya nada.

Todos tenían su café con leche, te caliente varias veces al día, comida enlatada y pan en el convento. A todos les esperaban colchones blandos, mantas calientes y almohadas. Recibían jabón y toalla, había duchas a su disposición. Ernest Nyáry improvisó habitaciones en otras estancias, que lentamente se llenaban de refugiados. En lugar del sufrimiento y la muerte segura que les esperaba, los refugiados del padre Ernest disponían de cama y seguridad, y por encima de todo de amor esperanzador y alentador, que reemplazó el deprimente ambiente en el convento de Avon.

Camino a los guetos

El Padre ayudó a muchos refugiados durante los días ominosos. Su convento se convirtió en una de las bases de la resistencia francesa, y en el refugio de los niños judíos y sus padres huyendo de los nazis. Al término de estos difíciles tiempos, Ernest Nyáry fue condecorado por su "segunda patria" con la más alta condecoración, la Medalla de la Legión de Honor Francesa, por su resistencia. Llevó este lazo rojo en la solapa de su capa civil de cura hasta su muerte.

## Ernest Nyáry y el Holocausto en Hungría

El padre Ernest estaba estupefacto ante las noticias que llegaban de Hungría. Escribe: *"El 18 de marzo de 1944 Adolf Hitler comunica al gobernador húngaro, Miklós Horthy, en Klessheim, que ha decidido la ocupación militar de Hungría."* Ernest Nyáry sabía por experiencia lo que significaba la presencia cotidiana del ejército alemán, pero tenía esperanza en que el estatus de aliado de su país al menos protegiera a su población de esta ocupación.

Budapest destruido por la guerra

El registro, el recuento de judíos, la confiscación de propiedades, la deportación a guetos y los trabajos forzados fueron seguidos por la "solución final del holocausto", la "resolución del asunto judío", infligida a los judíos húngaros por la ocupación alemana de Hungría desde el 18 de marzo de 1944. Primeramente los judíos del campo, y después la mayoría de los judíos de la capital, fueron embarcados en trenes desde los guetos y transportados a campos de exterminio.

Al igual que la aparición del antisemitismo francés se vio fuertemente influida por el caso Dreyfus, la jurisdicción húngara fue preparando gradualmente la discriminación antisemita por el

# UN MOMENTO DE LA ETERNIDAD

proyecto de ley de "numerus clausus" de 1920, con el objetivo de la expulsión de los jóvenes judíos de la educación. Las leyes creadas inmediatamente antes y durante la Segunda Guerra Mundial con la intención de "cumplir con las exigencias" de la Alemania nazi, allanaron el camino al Holocausto. La primera ley judía de 1938 definía todavía, mediante base religiosa, la cifra del veinte por ciento de judíos que era posible emplear en trabajos intelectuales. La segunda ley judía, válida desde el 5 de mayo de 1939, categorizaba ya a los judíos por razas, y las profesiones que se les permitía ejercer.

Hungría entró en la Segunda Guerra Mundial el 27 de julio de 1941, aliado con Alemania, y los consecutivos gobiernos húngaros se esforzaron al máximo para llevar a cabo todas y cada una de las demandas del Tercer Reich, incluida la cuestión judía, con la esperanza de recuperar los territorios perdidos de la mutilada Hungría, perdedora del Tratado de París (Trianon). La tercera ley judía prohibía cualquier relación sexual y el matrimonio entre cristianos y judíos a partir del 8 de agosto de 1941. La cuarta, válida desde el 6 de septiembre de 1942, limitaba a los judíos la adquisición de terrenos y bienes inmuebles. Finalmente se instauró el servicio militar "desarmado" para los judíos, y por otro lado, el uso obligado de la estrella amarilla fue decretado el 5 de abril de 1944.

La decisión de Ernest Nyáry, monje carmelita, su arriesgado acto al poner en peligro su vida y la de su convento, es un contra ejemplo de "otro tipo" de decisión, que causó la muerte de varios miles de personas. El Tratado de Paz de Versalles (Trianon), tras la Primera Guerra Mundial, cortó las dos terceras partes de los territorios de Hungría y los anexó a los estados vecinos, pertenecientes a las potencias vencedoras. Adolf Hitler ofreció al gobierno húngaro que apoyaría la revisión territorial de los húngaros en función de su lealtad. Como resultado de ello se produjeron algunas modificaciones de fronteras, pero fueron invalidadas con posterioridad. Cada vez más personas que profesaban ser y sentirse húngaros, emigraban a Hungría desde el comienzo de la guerra, incluidas familias de origen judío, con la esperanza de esa revisión. El número de personas se estimó en varias decenas de miles en el verano de 1941. Después de que la atención de los dirigentes de Hungría recayera sobre este crecimiento "no deseado" de la población, se ordenó la reunión y el transporte de los refugiados judíos a Ucrania. En agosto de 1941 varios miles de personas denominadas "apátridas" fueron deportadas a Kamenec-Podolsk, donde unas quince o dieciséis mil personas, en su mayoría judíos húngaros de Transcarpatia, fueron ejecutados con la ayuda de las SS. Y cuántas otras decisiones similares, indiferentes e inhumanas, nacieron en el cerebro de nuestro "prójimo", y se convirtieron en una pesadilla en la ejecución de nuestro "prójimo".

*"Aquellos que se marcharon nunca creyeron de corazón estar un día en su hogar, en algún lugar del mundo"* escribió el padre Ernest en su diario. *"La patria nunca sería para ellos más que un lugar de estancia conocido. La mayoría de la gente, aquellos que no volverían, perdieron la vida durante el viaje y en el trabajo en los campos debido a las epidemias. La mayor parte de ellos fueron enterrados en tumbas anónimas. A los que sobrevivieron a la "hospitalidad" de los campos no se les permitía hablar de sus experiencias, y se les amenazaba a su vuelta a casa de la posibilidad de volver inmediatamente a los campos si osaban hablar. A ellos, la gente les daba la espalda y les abandonaba a su destino. El Holocausto sirve para recordar, ya que para muchas personas es lo único que quedó, debido a que hicieron desaparecer a los miembros de sus familias, sus amados, sin dejar rastro; pero aparte de los recuerdos personales, la memoria mundial debería también mantenerse viva. La responsabilidad es común y no podemos permitir que esto se vuelva a repetir".*

Ernest Nyáry meditaba a menudo acerca del Holocausto en sus últimos años de vida. Entre sus escritos podemos encontrar diferentes aproximaciones, examinando la religión y mentalidad judía, la evolución del Holocausto, su centenaria historia desde diversos aspectos, la oposición de los judíos y los cristianos y la posibilidad de conciliación. Su gran sabiduría y conocimiento de idiomas le posibilitaron el conocimiento de las últimas investigaciones y escritos publicados al respecto. Encontramos en sus legados las ideas anotadas durante sus lecturas, el resumen de los temas importantes para él. La Biblia le ofreció el ejemplo como un manual, por encima de todo. Aquí encontró las ideas que pueden salvar a la humanidad de la decadencia y la destrucción.

*"He escuchado muchas teorías sobre el "espíritu judío" y el "alma cristiana". Fui educado en el segundo, y mi objetivo en la vida era seguir a Cristo, "mi misión" fue la predicación de su evangelio. No he conocido mayor número de judíos de mal espíritu que cristianos, y he conocido a muchos judíos valientes y cristianos buenos. El comportamiento de los cristianos profundamente*

# UN MOMENTO DE LA ETERNIDAD

*dispuestos a seguir a Jesucristo nunca ha sido antisemita por lo general.*

La historia judía *"no es únicamente la lucha y el sufrimiento de un pueblo, de una nación, de una religión, sino un capítulo especial de la historia de la humanidad. Es parte de la historia de la Iglesia cristiana, tristes acontecimientos que deben ser contemplados y estudiados a la luz de la evolución humana en general, de lo contrario se quedarían en intolerables e incomprensibles. Esto se aplica, además de a la cuestión judía, a muchos otros problemas".*

El padre Ernest estaba profundamente preocupado por el papel que su Iglesia jugó en el Holocausto. Se debatió en cuestiones similares a la sucedida en el convento, en los momentos de Avon ocupados por los alemanes. ¿Qué hizo la comunidad católica en contra del genocidio, qué podría haber hecho? ¿Quién asume la responsabilidad y hasta qué punto? Consideró que la Iglesia no era directamente responsable del Holocausto. Muchas otras causas contribuyeron significativamente a la generación de estos terribles acontecimientos de la historia de nuestro tiempo. Pero, ¿el Holocausto hubiera existido si el antisemitismo no hubiera florecido en las almas, comenzando por los más altos círculos de la Iglesia, y llegando hasta los cristianos comunes y oradores eclesiásticos, durante siglos, lo que obviamente fue inhumano y anticristiano? Y esto debería ser admitido por la Iglesia más claramente de lo que está sucediendo hoy en día.

La conciliación entre católicos y judíos no es posible en ausencia de un diálogo sincero, sosegado y objetivo, pero si nunca lo comenzamos, si lo consideramos imposible o incluso inoportuno, entonces no seguimos el camino de Cristo. Este examen de conciencia nunca será saludable si lo comenzamos bajo la idea de nuestra propia perfección y la culpabilidad general de los judíos. *"En mi opinión, el diálogo cristiano-judío nunca podrá tener éxito si los hechos del pasado son suprimidos y silenciados. Autores católicos y eclesiásticos occidentales han tratado ampliamente y en detalle este tema. Yo creo que sólo la verdad puede rescatarnos. Más amor y verdades habrían sido beneficiosos para la Iglesia."*

## Llegada a Bagdad, capital de Irak

El sueño de la infancia de Ernest Nyáry de ser monje carmelita se cumplió en 1954, cuando el papa Pío XII le nombró "Sui Iuris" superior de la misión carmelita de Bagdad, a la cabeza de la misión de la Congregación Oriental. La labor de la misión carmelita en Bagdad, creada en Basora en 1623 y posteriormente en Bagdad en 1721, era apoyar a las iglesias orientales. Inicialmente el padre Ernest definió su propia misión "in auxilium Orientalium", en ayuda de las iglesias orientales, pero con el tiempo el trabajo de los "misioneros latinos" se transformó gradualmente en cooperación. La concepción de la Santa Sede era que las iglesias orientales últimamente necesitaban menos ayuda de las misiones en Irak, y debían perseguir el trabajo pastoral independientemente y formar su propio clero. Por ello Roma anuló la antigua denominación "Missio sui iuris", y mantuvo únicamente la archidiócesis latina, al mismo nivel que las comunidades religiosas católicas caldea, siria y armenia, que funcionaban igualmente como archidiócesis y estaban reconocidas por el estado. Al mismo tiempo, la archidiócesis latina se convirtió en miembro de la Santa Congregación de las Iglesias Orientales, en las que figuraban cardenales, patriarcas, exarcas, arzobispos y obispos. Su cualificación como economista, su fascinación por las actividades de misionero, su larga experiencia como superior monástico y su versatilidad de idiomas sin duda contribuyeron al destino del padre Ernest en Bagdad.

Tres mil quinientos fieles pertenecían a su Iglesia, de entre los doce millones de habitantes de Irak, de los cuales quinientos creyentes vivían en Basora y el resto en Bagdad. La mayoría de ellos pertenecían a la clase media, descendientes de hindúes establecidos en Irak durante la autoridad británica.

Las funciones pastorales de los fieles del rito latino de Iraq correspondían al director de la misión, así como las actividades de párroco de la principal catedral de Bagdad, la gestión y supervisión de la construcción de conventos e iglesias y la organización de la instrucción en la escuela católica. Mil setecientos estudiantes realizaban sus estudios en la escuela Saint Joseph. Tenían un círculo cultural donde los alumnos mayores se ocupaban con la literatura, arte, música y filosofía. Unos doscientos estudiantes frecuentaban regularmente estas reuniones. Además de todas estas ocupaciones, el director estudiaba con especial interés las reliquias de antiguas culturas

# UN MOMENTO DE LA ETERNIDAD

y aprendía sobre las diferentes religiones, incluyendo los ritos y las liturgias de confesiones cristianas y católicas.

## Dirección del Arzobispado latino de Bagdad

En 1970, cuando el anterior pastor principal fue nombrado nuncio apostólico en Abisinia, se le confió a Ernest Nyáry la dirección del arzobispado latino de Bagdad, como gobernador apostólico "ad nutum sanctae sedis", sujeto a la Santa Sede. Dos años más tarde, el 23 de marzo de 1972, llegaría su nominación como arzobispo, un puesto tradicionalmente ocupado por carmelitas franceses, el día de la fiesta de la Anunciación de la Bienaventurada Virgen María. Ernest Nyáry fue consagrado obispo el 31 de mayo, fiesta de la Visitación, en la Iglesia de Santa María de Fátima. Por lo tanto, él, que había abandonado su título de Conde al entrar en la orden, fue nuevamente nombrado Monseñor, su Excelencia, debido a los obispos y arzobispos, a partir de ese momento.

Celebró su primera misa pontifical el día después, el jueves del Corpus Christi, en su iglesia, la moderna catedral Saint Joseph, de donde siguió siendo párroco. Por el contrario, la antigua misión carmelita de Bagdad dejó de existir, al igual que las de Mardin y Mosulin.

## Conociendo Bagdad, las primeras impresiones

En 1954 el padre Ernest reunió información a partir de dos libros acerca de su futuro puesto, ese exótico mundo poco conocido por él antes de su partida a Bagdad. Uno de ellos era una guía normal, el otro una especie de folletín sobre la vida contemporánea del antiguo territorio de "Las mil y una noches". Recibió gran cantidad de información sobre el cambio de las circunstancias sociales y de la vida del Irak post-revolucionario. Empezó a prepararse en cuerpo y alma hacia su nuevo destino, etapa decisiva de su vida.

Después de dos conexiones, en Frankfurt y Ammán, llegó a Bagdad, la tierra de la antigua Mesopotamia, el 22 de octubre de 1954. Su acompañante lo llevó en coche hasta el hotel. El padre misionero tenía una vista de la alta y moderna torre de la vecina iglesia Católica Siria desde la ventana de su cómoda habitación, equipada con aire acondicionado. La estructura de bóveda de ladrillo de cuarenta y siete metros de altura, vestigio de las ruinas del palacio del emperador Ctesifonte de la antigua ciudad persa, inspiró numerosos edificios en Irak, como la alta cáscara de hormigón de 25 metros de la catedral, que sobresalía entre las pequeñas casas de los alrededores, y cuya cruz iluminada se puede ver desde cualquier punto de Bagdad al atardecer.

El padre Nyáry reunió fuerzas para salir de la fresca habitación del hotel y recorrer los cien metros que le separaban de la Iglesia en medio del sofocante calor. El capellán de la parroquia siria, vestido con sotana blanca, le facilitó la dirección de la comunidad católica caldea, ya que el Padre deseaba ver antes de nada la famosa misa del domingo por la tarde, acompañada de música eclesiástica y una coral extraordinarias. Eran las tres de la tarde, la hora de la siesta, después de la comida. Las calles estaban completamente vacías bajo el sofocante calor de 40 grados. El enorme calor calló sobre él ya en la puerta del hotel, pero no le importó, y la curiosidad e impaciencia llevaron al padre Ernest por un recorrido histórico de la ciudad. Empezó su marcha en la ciudad antigua de casi cuatro mil años, situada entre las dos riberas del río Tigris, casi tan ancho como el Danubio, a unos treinta kilómetros del Éufrates. Tenemos una viva imagen del Bagdad de la época gracias a su descripción.

La capital, que hoy en día ocupa un círculo de 20 kilómetros de diámetro, tiene tres millones de habitantes. Está rodeada por el desierto, y se la puede considerar como un gran oasis. La ciudad es plana, y sólo los minaretes y algunos altos edificios públicos se levantan sobre sus barrios y sobre las avenidas del centro. El núcleo antiguo de la ciudad se ha mantenido en las proximidades de las principales avenidas flanqueadas de palmeras, en el lugar de la ciudad histórica, en un círculo de cuatro kilómetros de diámetro. Las aguas residuales corren a menudo, incluso formando pequeños arroyos, en medio de las pequeñas callejas sinuosas. Aún se pueden ver hermosas casas antiguas, con balcones de madera, puertas adornadas con ladrillos tallados, aldabas de cobre, y junto a ellas los monótonos barrios periféricos. Por otro lado, hay numerosos parques verdes, bien cuidados, que refrescan en los meses de verano, con alta temperaturas de hasta 50 ° C.

UN MOMENTO DE LA ETERNIDAD

El paseo del padre le llevó por el barrio residencial, en el parque Sadoon hacia las afueras, a través de calles aparentemente desiertas y plazas vacías invadidas de malas hierbas. Pronto apareció ante sus ojos la primera iglesia de estilo típicamente árabe, aunque de reciente construcción, simple y de muros de cal blancos. Las cruces en las torres y cúpulas indicaban claramente que la iglesia pertenecía a una comunidad cristiana. Entró a la íntima y sencilla iglesia por la primera puerta abierta. En la casa parroquial, junto a la iglesia, se encontró con un joven clérigo local nacido en la ciudad, de sonrisa amistosa, sin rasgos árabes, más bien indios. Enseguida se dio cuenta de que aquel era un sacerdote católico caldeo. Cuando Ernest preguntó por el camino más corto de regreso al centro de la ciudad, el sacerdote le ofreció generosamente su coche. El sacerdote aceptó el modesto regalo del padre Ernest, un pequeño bote de miel, una especialidad poco común en Irak, y el padre Ernest llegó de nuevo a su hotel después de un corto viaje en coche.

Había muchos jardines de verdes palmeras en los alrededores del hotel, edificios eclesiásticos de fachada blanca, la Nunciatura Apostólica, monasterios y conventos. A continuación Ernest Nyáry dedicó todo su tiempo libre a deambular por la capital. No se limitó a buscar las reliquias de las antiguas culturas, sino que visitó iglesias de diferentes religiones, de comunidades cristianas y de otros ritos católicos. Tuvo por ejemplo la oportunidad de asistir a diversos rituales del venerable patriarca caldeo, e incluso saludarle con algunas palabras. Posteriormente se encontrarían en numerosas ocasiones y conversarían acerca de sus labores eclesiásticas.

## El arzobispo de Bagdad para los cristianos

El padre Ernest pronto se trasladó a la residencia arzobispal, una vivienda de dos pisos situada en el barrio residencial de Bagdad. Su logia de estilo morisco mezclado con elementos bizantinos se abría a la escalera. En la planta baja instalaron la recepción, el salón, el dormitorio y la capilla de la casa con la sacristía. Su estudio estaba en el primer piso, donde, por lo general, recibía a los invitados. Cambió su sotana negra por una blanca de verano y finalmente comenzó su actividad, que duraría varias décadas.

Tan pronto como se familiarizó con la mentalidad iraquí, consideró y esperó poder realizar sus tareas con éxito, y que grandes oportunidades se abrieran frente a él. El convento construido en la parte vieja de la ciudad fue expropiado por la ciudad con el propósito de ampliar la calle. Por lo tanto, debieron mudarse a otro barrio más concurrido, donde el padre Ernest hizo construir una nueva iglesia y convento. Había que reconstruir la vieja escuela primaria, que pertenecía a los más antiguos establecimientos escolares de la ciudad. Adquirió un amplio solar en un moderno barrio y se construyó en él una bonita guardería infantil. El convento de las monjas de la orden de Santo Domingo y su escuela primaria, que operaban con una directora y con profesoras iraquíes, encontraron su lugar en dos grandes edificios de nueva construcción situados en la misma calle.

Palacio episcopal de Bagdad

La nueva escuela consagrada a Saint Joseph se convirtió en una de las mejores y más modernas escuelas de Bagdad. El número de alumnos de la institución aumentó de 350 a 1630. La institución empleaba a mucho personal, seguridad, conductores de vehículos,

# UN MOMENTO DE LA ETERNIDAD

limpieza,.... Las monjas dominicas iraquíes prestaban un servicio muy valioso desde el principio en el ámbito de la enseñanza de la religión, y eran además excelentes en la enseñanza de materias profanas. Incluso Al-Bakr, el presidente de la República de Irak, envió a sus hijos y a sus sobrinos a la escuela de Saint Joseph. Naturalmente, la mayoría de los estudiantes eran cristianos, así como la totalidad del personal. En Bagdad existen familias en las que los padres e incluso sus hijos fueron bautizados por el padre Ernest, siguiendo sus vidas, prestándoles atención y cuidado con posterioridad. Mencionaremos sólo como curiosidad que también emplearon a una profesora musulmana con el cometido de mostrar a los estudiantes de la misión las enseñanzas del Corán y orar con ellos.

La educación fue nacionalizada en Irak en 1974 desde las guarderías infantiles hasta las escuelas secundarias. La toma de posesión de estas instituciones por parte del estado fue un gran shock, no sólo dentro de la iglesia, sino también entre las familias de los alumnos. Sin embargo, hay que reconocer que las oficinas que llevaron a cabo la nacionalización actuaron con mucha prudencia. Cada educador y maestro mantuvo su posición con un salario estatal. Mantuvieron a la totalidad de los empleados y monjas, y como ejemplo, se nombró una directora católica en la antigua escuela primaria y el primer asistente fue también una monja dominica. En la mayoría de las escuelas que se habían apropiado de los cristianos, además de los viernes de descanso obligatorios continuaban manteniendo los domingos como día de descanso. Los alumnos cristianos, después de la nacionalización, se preparaban para la primera comunión con la ayuda de las monjas, dentro del ámbito escolar.

El Padre creó una misión, en el marco de la cual operaba un club cultural cristiano para los jóvenes de la universidad. En el grupo de autodesarrollo de este club, los estudiantes de mayor edad tuvieron la oportunidad de familiarizarse con la literatura, el arte, la música, la filosofía y el deporte. La misión estuvo encabezada por los monjes dominicos, y el director era un padre iraquí de gran talento. Además de los servicios sociales de alta calidad, la vida era feliz en la institución, donde los buenos modales, la cortesía y la fraternidad estaban muy presentes. El deporte, la música, el arte y las reuniones sociales se llevaban a cabo en una atmósfera alegre y familiar. Los espectáculos culturales tenían lugar a menudo, y los jóvenes estudiantes participaban en ellos con gran interés. La presencia de universitarias también contribuía a la alegre atmósfera.

La nueva iglesia católica romana San José de Bagdad, construida durante la estancia de Ernest Nyáry

El contacto entre las familias cristianas y musulmanas era posible sólo sobre la base religiosa. Por esta razón, el nuevo "Ministerio de fundaciones sagradas y asuntos religiosos" también apoyaba el contacto fraternal, el conocimiento y la amistad de las personas que pertenecían a religiones diversas (ridzsál ed Din). El proyecto de la realización de una residencia curas estaba previsto bajo la dirección de Ernest Nyáry, pero se quedó en un sueño.

**Por la reforma de la liturgia**

Dado que el estado apartó los centros escolares de las iglesias, el arzobispo de Bagdad sólo podría llevar a cabo sus actividades pastorales en las iglesias y a través de los clubes de juventud ya mencionados. La Liturgia tiene un papel importante en Oriente.

Podemos decir que supera incluso el significado de la predicación. Sin embargo, representaba un problema muy significativo que en las iglesias católicas orientales, a excepción de los armenios, no rezaban en la lengua de los creyentes, sino en los idiomas caldeos o sirio. Muy pocas personas entendían estos lenguajes litúrgicos.

La misa se celebra en latín, inglés, francés, y sobre todo en árabe, algo muy apreciado entre la población árabe. No es una exageración decir que domingo tras domingo el número de creyentes aumentaba, la mayoría de los cuales no pertenecían a la iglesia de rito en latín. Las iglesias de ceremonias caldea y siria no simpatizaban con la idea de que los honorables textos se tradujeran al árabe. Según ellos, se perdería la naturaleza tradicional de sus ceremonias, y podían tener razón. *"Bajo tales circunstancias, ¿dónde queda el célebre principio de "in auxilium orientalum"?.* - planteaba el padre Nyáry. *Llegará el día en el que no habrá necesidad alguna del Arzobispado latino* - continuó pensando. - *Un prelado multilingüe sería suficiente para los extranjeros, y los latinos locales se contentarían con una parroquia sencilla. Sin embargo entre los fieles nadie desea este tipo de degradación, y por ello es difícil decir qué solución final elegir. "Misericordias Domini"* - *Los caminos del Señor son inescrutables".*

*"En el caso de los católicos en Iraq, raramente ocurre que un musulmán cambie su religión a la cristiana, sin embargo, la tolerancia religiosa es ejemplar* - recordó el padre Ernest. - *El Islam considera que las personas que pertenecen a las tres creencias monoteístas, judíos, cristianos y mahometanos, son igualmente pueblos del Libro, ya que su religión se basa en la revelación divina. Un padre dominico nacido en Siria dijo una vez que se necesitan unos diez años para que un occidental comprenda la mentalidad oriental, y otros diez años para darse cuenta de que no ha comprendido nada acerca de ella".*

## József Mindszenty. Encuentros con el príncipe Primado, visitas al Vaticano y a la patria

Ernest Nyáry hizo numerosos viajes como arzobispo por el mundo, y si era posible enlazaba sus viajes religiosos periódicos con sus visitas privadas. Ayudó a sus familiares, que se vieron obligados a huir de Hungría después de la Segunda Guerra Mundial. Él era el único vínculo fiable que unía a los parientes que vivían en Hungría y en la Alta Hungría, de nuevo separados el uno del otro, con aquellos parientes que vivían lejos. Él transmitía las noticias acerca de su madre y sus hermanos. Él consiguió un asiento para su hermana Blanka en el primer barco que partió a América del Sur transportando emigrantes. Veintinueve años después, tendrían por fin la oportunidad de volverse a ver en los Estados Unidos de América.

Llegó a Viena en el otoño de 1971 bajo invitación oficial para encontrarse con el cardenal primado József Mindszenty, poco después de que el cardenal se viera obligado a abandonar Hungría. Como ya mencionamos, la amistad de las dos personalidades eclesiásticas comienza antes de la Segunda Guerra Mundial, en el marco de la misa de despedida celebrada por Ernest Nyáry en Nova Ves nad Žitavou.

József Mindszenty (Csehimindszent, 29 de marzo de 1892 - Viena, 6 de mayo de 1975) arzobispo de Esztergom, el último príncipe Primado de Hungría, Cardenal, el sucesor del cardenal príncipe primado Jusztinián Serédi, arzobispo de Esztergom, es una de las más grandes personalidades de la iglesia católica húngara del siglo XX. Ocupó su cargo el 29 de marzo, exactamente el día de su cumpleaños. Eligió como lema "devictus vincit" (vencido, vence). En el trascurso de su intenso y permanente trabajo fundó numerosas escuelas y parroquias.

La carta de protesta redactada por los obispos de la Transdanubia contra la destrucción del país y la persecución de los judíos también está unida al nombre de Mindszenty. Él entregó en persona la carta al primer ministro adjunto de Ferenc Szálasi (líder del Partido de las Cruces Flechadas). Dos semanas más tarde, fue detenido junto con sus sacerdotes, y mantenido en prisión en Sopronkőhida. Habló en contra de la deportación de los húngaros de la Alta Hungría, en contra de la masacre de los húngaros del sur de Hungría, contra la falta de humanidad de las deportaciones llevadas a cabo por los alemanes, y en interés de las personas que habían sido encarceladas y retenidas sin haber sido juzgadas. El 18 de octubre de 1945 y el 25 de agosto de 1947, con anterioridad a la elección de los representantes de la Asamblea Nacional, el episcopado envió una circular a los fieles llamándoles a votar a los partidos cuyo programa se basaba en el espíritu del Evangelio. Después de eso, mantuvieron a József Mindszenty bajo arresto domiciliario en el convento de la Hermandad de las Hijas del Divino Redentor en Sopron. Fue arrestado ilegalmente el 26 de diciembre de 1948. En cautiverio le torturaron

# UN MOMENTO DE LA ETERNIDAD

física y mentalmente y en base a falsas acusaciones se le condenó en primera instancia el 8 de febrero de 1949, y entre el 6 y el 9 de julio fue sentenciado en segunda instancia a la cárcel de por vida. Después de pasar seis años en prisión en Budapest, a causa de su deteriorado estado de salud, a partir del 17 de agosto de 1955 se le mantuvo en prisión en Püspökszentlászló (región de Baranya), y a partir del 2 de noviembre de 1955 en Felsőpetény (condado de Nógrád). Tras el estallido de la revolución en la noche del 30 de octubre de 1956 fue liberado de su cautiverio por los soldados húngaros. Después del aplastamiento de la revolución, consiguió asilo en la embajada de los Estados Unidos de América, y posteriormente pudo salir del país. Vivió en el exilio por primera vez en el Vaticano, y más tarde en Viena hasta su muerte, en el Seminario de Viena, que pertenecía a los Primados de Hungría, en el edificio de la Pázmaneum. Durante este período visitó cada país del mundo donde residían húngaros para ver a sus fieles.

El padre Ernest Nyáry estuvo presente en el día de Santa Isabel, en la santa misa celebrada por el príncipe primado por primera vez tras su liberación, frente al gran público, en la capital de Austria, en la iglesia del Hospital Elisabeth de las religiosas. Dos secretarios le ayudaron a entrar y le condujeron hasta ocupar su asiento en el santuario. Fue increíble cómo el propio cardenal, que tanto había sufrido, leyó el Evangelio del día (Lucas 6, 27) lentamente, enfatizando cada palabra, como tenía por costumbre: *"Amad a vuestros enemigos, bendecid a los que os maldicen, haced bien a los que os aborrecen, y orad por los que os ultrajan y os persiguen"*. El príncipe Primado recibió a su hermano arzobispo en la Pázmaneum, y le invitó a un almuerzo. Al salir, se acercó a Ernest Nyáry y tocándose el botón de la sotana, le dijo: *"el 50 por ciento de mi vida es proporcionar consuelo, y el otro 50 por ciento es muy doloroso..."*.

El cardenal Mindszenty consideraba como una obligación de conciencia fortalecer al pueblo húngaro, que vivía diseminado por todo mundo, en su fe y en su espíritu húngaro. Para y por este fin inició una intensa labor pastoral. Visitó a la población húngara en las ciudades de Europa occidental y lugares de peregrinación, realizó viajes más largos a Canadá, Estados Unidos de América, América del Sur, Sudáfrica, Australia y Nueva Zelanda. Los húngaros le recibían a todas partes con entusiasmo y respeto, pero muchos de ellos le habían visitado personalmente en Viena y habían mantenido correspondencia con él tratando cuestiones morales, espirituales y en relación al destino del pueblo húngaro.

El arzobispo Ernest Nyáry se unió a los viajes pastorales de Mindszenty en varias ocasiones. Por ejemplo, en el año 1973 se reunieron en los Estados Unidos, en New Brunswick. La visita pontificia causó una gran sensación. Los emigrantes húngaros en los Estados Unidos se reunieron con Mindszenty por primera vez, y junto a él con Ernest Nyáry, arzobispo de Bagdad, acompañados de sus secretarios. Los dos pontífices húngaros fueron recibidos también por el cardenal de Nueva York. Visitaron las comunidades de los emigrados húngaros y a los monjes de origen húngaro que vivían en las cercanías. La prensa siguió la totalidad de su viaje y realizó entrevistas con ellos. El cardenal József Mindszenty, continuando su viaje, visitó Montreal, Toronto y Vancouver, y luego regresó de nuevo unos días a Nueva York; sin embargo, Ernest Nyáry tuvo que volver a Irak debido a sus ocupaciones.

József Mindszenty y Ernest Nyáry se encontrarían en Viena en varias ocasiones más con el fin de proporcionarse consuelo espiritual mutuo. El cardenal, al regreso de su viaje a Venezuela, estaba organizando sus viajes a París y Escandinavia, cuando enfermó, y algunas semanas después abandonó esta vida, el 6 de mayo de 1975 en Viena, en el Hospital de la Caridad. Sus restos mortales fueron enterrados de acuerdo con sus últimas voluntades en Mariazell, y después del cambio de régimen en Hungría, el 4 de mayo 1991 encontró su paz definitivamente en la cripta arzobispal de la Basílica de Esztergom.

El arzobispo Ernest Nyáry visitaba el Vaticano de vez en cuando como miembro de la Sagrada Congregación de las Iglesias Orientales. Fue recibido en varias ocasiones en audiencias privadas por el papa Pablo VI. Fomentaba y mantenía activamente sus relaciones familiares, de amistad y eclesiásticas, y mantuvo su lengua materna impecable durante toda su vida. Decía sus misas en francés, inglés, y de vez en cuando naturalmente en latín. Era un hombre erudito pero extremadamente humilde, jovial, hombre de buen humor y espíritu, buen conversador y de mente abierta, que consiguió multitud de amigos y admiradores por el mundo gracias a su modesto comportamiento.

Con el papa Pablo VI en Roma en 1971.

## Adiós a la profesión de cura

Cuando Ernest Nyáry cumplió los setenta y cinco años - cumpliendo con las prescripciones - presentó su renuncia. Sin embargo, no fue aceptada por la Santa Sede, y por lo tanto pudo seguir ejerciendo su labor pastoral durante dos años, ayudando a su sucesor. Vivió más de tres décadas en la capital de Irak. Sirvió como párroco de los católicos latinos en Iraq, incluyendo a los árabes nacidos en el país, los hindúes que se establecieron bajo la autoridad inglesa, los inmigrantes del lejano oriente y los europeos venidos de que trabajaron allí temporalmente, polacos principalmente. Por otro lado actuó como obispo, llevando a cabo confirmaciones y consagración de sacerdotes. Se jubiló oficialmente el 30 de mayo de 1983.

Aproximándose a los ochenta años, tuvo que dejar su posición en la misión en Bagdad, su tan amada comunidad cristiana. Regresó a Francia, a Avon, próximo a Fontainebleau, cerca de París, donde había desarrollado su trabajo como prior del Convento de Carmel durante largos años, y de donde fue el verdadero pastor de los que fueron perseguidos durante la guerra. Ernest Nyáry se consideró a sí mismo como el hijo obediente de la Iglesia Católica a lo largo de toda su vida, como un monje cuya principal preocupación era la gente, ante todo la vida de los que sufrían, de las personas que se encontraban en situaciones difíciles. Pensaba y se aplicaba en poder decir de sí mismo, y de que los demás fueran también capaces de decir de él, que en todos los aspectos era un representante fiel de las enseñanzas de Cristo y de las tradiciones de la iglesia.

Ernest Nyáry arzobispo de Bagdad el 20 de agosto de 1986, en la celebración solemne de la santa misa del 20 de agosto de 1986, entre los prelados

**Adiós a la patria**

Ernest Nyáry, arzobispo de Bagdad jubilado, acercándose al final de su misión en Bagdad, realizó varias visitas a su patria. En octubre de 1984 aprovechó unos días de estancia en Budapest para presentar sus respetos a la Santa Diestra, por primera vez en su vida, conservada en la Basílica de San Esteban en Budapest. El párroco de la basílica le introdujo la historia de la reliquia en detalle y respondió a sus preguntas. Desde el principio, historias legendarias se habían asociado a la mano derecha del primer rey de Hungría, San Esteban.

# UN MOMENTO DE LA ETERNIDAD

La tumba del, rey fallecido en 1038, se abrió durante su canonización en 1083, se con el fin de preparar las reliquias de sus restos mortales. Sin embargo no encontraron su mano derecha. No mucho tiempo después, un fraile llamado Mercurius confesó que un ángel le trajo la reliquia para colocarla en su propio monasterio. Esta reliquia tuvo una tormentosa historia durante las décadas que siguieron. Se ha guardado en Budapest desde 1945. Como despedida, el arzobispo tocó el cristal interno de la ventana de la urna que contenía la reliquia para bendecirla. Se fue, enriquecido por la visita, con sentimientos espirituales completos.

Con posterioridad, regresaría a Budapest cada año. En 1987, celebró sus solemnes misas de oro con ocasión del 50° aniversario de su ordenación como sacerdote en la iglesia del Carmen, ubicada en la calle Huba, donde había oficiado regularmente sus misas silenciosas, y el sermón fue dado entonces por Gábor Csapó:

*"Misericordias Domini" "Los caminos del Señor son inescrutables" El padre arzobispo no se enfadará si cuento que hace años, cuando él vino y le presentó sus respetos al señor cardenal Lékai, el cardenal preguntó: ¿dónde sirves?. Y el padre Ernest respondió: Estoy en Bagdad, no es una ciudad muy grande, con cerca de 3 millones de habitantes. Hay una ciudad 500 kilómetros al norte, y otra 400 kilómetros al sur, y hay muchos europeos. Ahí también soy yo el pontífice. - A continuación, el cardenal continuó preguntándole, ya que Lékai era un hombre ávido de conocimientos. Y más tarde le preguntó: ¿y a qué te dedicas?. Y entonces nuestro padre arzobispo - no se enfade si lo digo - dijo: yo predico, bendigo, bautizo, todo lo necesario en las zonas de misión, incluso consagro obispos. - ¿Consagras incluso obispos? - Sí, los consagro, es por esto que soy arzobispo. Monseñor el cardenal escuchó muy sorprendido, y luego le preguntó: y ¿cómo viajas esas grandes distancias? - Bueno, en coche. - ¿Y quién lo conduce? - Un árabe. - ¿Y te atreves a confiarle tu vida? - Sí, tiene manos seguras. Él me conduce de una ciudad a otra. - ¿Y cómo viniste a Europa? - Bueno, cuando bauticé al hijo del embajador de Suiza, el embajador dijo que si necesitaba el avión estaría a mi disposición en todo momento si voy a Europa, así que lo cogí. Bueno - dijo nuestro Cardenal - esto no es tan malo. Luego le preguntó: ¿Y dónde sueles ir? El arzobispo respondió: estoy a menudo en Roma, ahora se celebraba la beatificación de una carmelita, y tenía que decir misa ante las personas adecuadas. Entonces, ¿conoces a alguien en*

Roma? - le preguntó el cardenal. Por supuesto, suelo ir a Roma por asuntos oficiales. - De repente, nuestro cardenal cambió por completo, y desde su altura, comenzó a tratar muy amablemente al padre Ernest. Además también nos invitó a cenar, y cuando acompañó a nuestro padre arzobispo a la mesa tomándole amablemente del brazo, había incluso un ramo de flores en la mesa y la escalera estaba cubierta por una alfombra. ¡Mis hermanos, no lo tomen a mal, pero dentro de mí me dije, este es el resultado del hecho de que el cardenal húngaro ha reconocido que no está hablando con cualquiera, que la persona que tiene frente a él tiene un rango igual al suyo, ya que él también es arzobispo! Un santo placer llenó mi corazón al ver la amabilidad con la que el cardenal se despidió de nuestro padre arzobispo. Así que mis queridos hermanos, esta es brevemente la historia. Yo sé que el padre arzobispo es muy modesto, pero sin embargo me pareció que es mi deber contar esto a todos aquellos que se acercaron tan amablemente a estas misas de oro.

La bondad y la misericordia de Dios seleccionaron al Padre Ernest entre otros muchos para ser el sucesor de su apóstol, y en un territorio donde la mayoría de gente es musulmana, y no católicos. Es por eso que Él envió a los apóstoles a esos lugares. Sabemos que uno de ellos fue a África, otro fue a Asia - Santo Tomás -, mientras San Pedro visitó todas las ciudades de Palestina y finalmente llegó a Roma. Y San Pablo viajó por el mundo entero de entonces y también terminó en Roma. Las colinas del Vaticano podrían recitar a menudo de la muerte de San Pablo y de su victoria, cuando estuvo allí suspendido en la cruz. San Pedro dijo también: canto eternamente la misericordia del Señor. Sí, los apóstoles fueron a todos los rincones del mundo anunciando el evangelio. Nuestro amado padre arzobispo también siguió su camino, recorrió esos paisajes desconocidos, los alrededores de la Mesopotamia y Bagdad, y anunció el evangelio. Con cuánto éxito, sólo Dios lo sabe. ¡Pero la misericordia de Dios lo acompañó hasta estos días, eso es verdad! Y para terminar, por eso estamos agradecidos a Dios, por darnos a nuestro querido padre, arzobispo de Bagdad. Ahora, que ha llegado el momento definido en el calendario de los obispos y que el Santo Padre aceptó su renuncia, y además, le permitió regresar a Francia a su convento de origen, la misericordia allí también le seguirá. Ahora, en esta edad anciana, lo que le queda es la preparación para su encuentro con El Señor. Estoy seguro que, cuando llegue, San Pedro le abrirá las puertas del cielo *y Jesús recibirá a su santo hijo: mi querido hijo, fuiste realmente un apóstol entre mis apóstoles, por lo tanto que estés para la eternidad entre mis apóstoles aquí arriba, en el Paraíso. ¡Que así sea! ¡Amén!"*

Padre Ernest Nyáry, la Santa Diestra, Budapest Misa de oro en la iglesia carmelita de la calle Huba

Con motivo de uno de sus viajes a Hungría conoció al Dr. Lajos Pápai, obispo de Győr, quien escribió lo siguiente acerca de él: "yo era el padre espiritual en el Instituto de Educación Sacerdotal Central de Budapest, cuando tuve la oportunidad de conocerle personalmente... permaneció en mi memoria como un anciano prelado, instruido, un verdadero hombre espiritual, un pontífice respetado".

Tuvo la oportunidad, en octubre de 1985, de ver la Santa Corona y las joyas de la corona en el Museo Nacional de Budapest, por primera vez en su vida (la Santa Corona, el manto de la coronación, el cetro y el orbe), devueltas al pueblo húngaro por los Estados Unidos en 1978.

El año 1986 fue el último punto de inflexión en la vida del Padre. Dejó Bagdad, donde vivió durante más de tres décadas. Con anterioridad a su retiró final a su celda en Avon, visitó todas las ciudades donde había estudiado y enseñado en Francia, Austria y

Hungría. Este año llegó a Budapest el día de San Esteban. Tomó parte en la celebración de la santa misa del 20 de agosto en la Basílica, oficiada por László Paskai, cardenal coadjutor debido al fallecimiento del cardenal arzobispo Lékai. Fue conducido con gran honor a la primera fila de asientos en el santuario, y sentado junto al escolapio István Jelenits, en las proximidades de la Santa Diestra de San Esteban. Al término de la santa misa, conversaría con el escolapio y el canónigo Géza Szabó en la sacristía de la basílica, cuando éste último le invitó en calidad de párroco a la recepción, donde el padre Ernest se sentaría en el lugar principal y sería felicitado con motivo de su 80 cumpleaños. Más tarde se reunió en varias ocasiones con el cardenal arzobispo Dr. László Paskai, al que describió como una persona de gran conocimiento, de mente abierta, una persona excelente al que siempre se refirió con un gran respeto.

Con el cardenal Dr. László Paskai el 20 de agosto de 1986. Santa misa de la Santa Diestra.

El arzobispo realizó un último viaje a su casa, a la Alta Hungría. Pasó algún tiempo con su tan querida hermana Eszter en Kossut,

# UN MOMENTO DE LA ETERNIDAD

se despidió de la familia, celebró una corta misa en la cripta de la familia, donde su madre descansaba, y también visitó la tumba de su padre. Recorrió los pueblos de los alrededores, donde experimentó el respeto, la gratitud y el amor que fluía hacia él, tantas señales conmovedoras procedentes de sus jóvenes hermanos sacerdotes. De camino a Budapest, se detuvo en Deáki, un lugar poco conocido y sin embargo un testigo de gran importancia de la cristiandad húngara. Fue San Esteban quien donó este pueblo al abad benedictino en el año 1001, que pertenece a la provincia eclesiástica de Pannonhalma hasta tiempos recientes. La iglesia de tres naves, de estilo románico tardío, ronda el milenio, y posee la curiosidad de que su planta se repite en el primer piso, es decir, se trata de una iglesia de dos pisos. La magnífica capilla de San Esteban está adosada al edificio; una abadía benedictina había existido junto a ella, y su misal fue el Códice del siglo XII, llamado de György Pray, que contenía el primer texto escrito en húngaro, el discurso mortuorio y ruego. Otra curiosidad del pueblo es que fue lugar de nacimiento del monje benedictino Jusztinián Serédi, cardenal primado de la iglesia húngara en los años treinta y cuarenta.

Algunos acontecimientos festivos esperaban al Padre en Budapest. Celebraría sus misas de oro el 5 de julio en la iglesia de la calle Huba, una celebración íntima y solemne - la primera se celebraría en mayo en Avon - donde su asistente en la oración fue el padre Gábor Csapó, de legendaria memoria y de sonora voz. Reunió sus pensamientos alrededor del lema de Santa Teresa "Misericordias domini en aeternum cantabo - Cantaré eternamente las misericordias del Señor", en referencia a los fundamentos de toda una vida y las funciones de pastor del padre Ernest Nyáry.

A su regreso, se detuvo en Viena unos días para reunirse con familiares que vivían allí, y se despidió de su amado convento carmelita de Silbergasse. Después regresó al convento de Avon. Se preparaba lentamente para su partida definitiva. No temía a la muerte, pero quería estar preparado. Aunque sentía perfectamente la presencia de la Providencia, siempre le preocupó la idea del "otro lado". Según una de sus historias, dos sacerdotes hablaban de su existencia después de la muerte. Ambos intentaban adivinar. Discuten hasta bien entrada la noche, y después se separaran. Uno se va y muere la misma noche. El otro escucha la voz del sacerdote fallecido por la puerta entreabierta: "el más allá no es como pensabas, ni como yo pensaba..."

56 EVA NYARY

*"Generalmente hay cierto letargo antes de la muerte, - decía - la muerte en sí no es dolorosa, porque no hay nada que cause el dolor. Es una especie de redención, el paso a otro mundo. Estamos todos en manos de Dios, ¡sea lo que deba ser! Dios quiere que nos dirijamos a él con confianza, pero no debería ser una especie de "especulación" para ver cómo terminaremos la vida..."*

Apenas salió del convento en último año. Al final del día participaba en las oraciones comunes, pero raramente intercambiaba palabras con nadie. Pasaba sus días en una tranquila soledad, con la lectura y traducción de textos monásticos antiguos al francés, la meditación y la oración."... *La experiencia del silencio me hace feliz. Estoy muy satisfecho porque mi vida está llena de dos cosas: del Oficio Divino y de la Eucaristía, que canto y celebro solo."* - escribe.

## Avon - el final de la vida

*"El fraile y el sacerdote consagrado son, por encima de todo, simples cristianos* - escribe acerca de su vocación. Cuando se le pregunta qué hacen los monjes, responde: *Cada día nos caemos y nos levantamos, caemos de nuevo y nos levantamos, caemos y nos levantamos otra vez. Así que los monjes son cristianos que siguen los consejos del Evangelio viviendo en el celibato, la pobreza, la sencillez y la obediencia, expresando de este modo su amor a Cristo. Al mismo tiempo, están abiertos a las personas. Les reciben, realizan ejercicios espirituales para ellos, están en contacto con el mundo exterior".*

Permítanme seleccionar de entre las ideas eternas del padre Nyáry a mi manera profana. Creo que, además de sus declaraciones sobre el funcionamiento de la iglesia, el dogma, la liturgia escrita para sus hermanos sacerdotes, aquello que nos instruye son más bien sus ideas sobre el carácter humano, nuestra relación con la fe, la forma en la que creamos nuestro equilibrio interior y todo lo que nos ayude para llegar a ello.

Encontramos entre sus escritos ideas que permanecen actuales hasta nuestros días. Su tolerancia religiosa es evidente por su comportamiento durante la ocupación alemana de Francia. Declaró que: *"Nuestra fe, nuestra humanidad, no puede coexistir con el*

# UN MOMENTO DE LA ETERNIDAD    57

*antisemitismo bajo ninguna circunstancia, ni con el odio generado contra las comunidades religiosas, los grupos étnicos, etc . . . .*

*Dejando a un lado los prejuicios, a pesar de las diferencias, los cristianos deben trabajar por la unidad, y le pedimos al Señor que sea el director de ésta nuestra intención. Así caminamos hacia una comunidad de amor total, aunque existen y siempre existirán dificultades que requerirán de mucha paciencia, diálogo y comprensión mutua"*, y se refiere a la enseñanza de Cristo. *"¡Amarás a tu prójimo como a ti mismo!"*

La Biblia fue el manual del padre Nyáry. En ella sus ideas encontraron su origen y explicación. Las dos alianzas hechas con Dios ofrecen un tesoro inagotable de formas de comportamiento humano, y al mismo tiempo una parábola de actos correctos que agradan a Dios.

*"Estoy convencido de que más allá de los términos ecuménicos "esperados" en nuestros días, nuestra propia identidad cristiana es una gran bendición, así como el cuidado de nuestras tradiciones. Al mismo tiempo es inevitable comprender aún mejor, más profundamente, la Palabra, y por lo tanto la representación común, suave pero decidida, del Evangelio de Cristo y de los sistemas de valores eternos que resultan especialmente en un mundo cambiante, incierto, y diluido en Hungría y en cualquier lugar del mundo. ¡Creemos que Jesucristo es el camino, la verdad y la vida, es la fuente de la salvación, de la vida feliz, individual y en comunidad!"*.

El padre deseaba conducir a sus seguidores hacia esta "fuente". Él sabía que las tendencias espirituales escépticas, y las tendencias políticas de fortalecimiento de éstas, habían aumentado la duda en todo lo que él había creído. Se ocupó de la formación y propagación de estas tendencias, así como de la forma en la que poder dar puntos de apoyo para los perdidos, para encontrar de nuevo el camino por ellos mismos. Cada criatura hecha a "imagen de Dios" oculta en su interior al menos una gota de chispa. *"El silencio taciturno, ofrece la escucha al Espíritu Santo obrando continuamente en nosotros."* Este mensaje puede ser la luz que dirija nuestras ideas, nuestros actos en la dirección correcta.

Constató que la gente deseaba sobre todo ser escuchada. *"Mi experiencia personal es que en el acompañamiento espiritual, si alguien puede decir, sin ser juzgados, lo que le molesta en el interior, por lo que se avergüenza, y si su guía espiritual le escucha en silencio, con amor y gran atención, y prácticamente sin hacer nada más, entonces será la propia persona la que encontrará por sí misma la solución a sus problemas. Esto viene de su corazón, y no por una fuerza externa".* Es por ello que "la escucha" significaba la empatía completa para el padre Ernest.

El ejercicio de acompañamiento espiritual del padre Nyáry se asocia a las terapias de búsqueda de uno mismo y diferentes ejercicios de concentración que prevalecen hoy en día, como resultado de los cuales nuestro cuerpo y alma se pueden dirigir en una dirección positiva.

Encontramos alusiones concretas en los escritos del Padre:

*"Deshazte de la idea de los problemas - deja escapar los sentimientos negativos"* -, escribió. *Aquello a lo que dedicamos mucha atención influye en la evolución de las cosas. Uno se puede hundir en los problemas, en la red de las dificultades cotidianas, experimentar cada hecho, cada decisión, como víctima. O uno puede meditar y profundizar en sí mismo por un minuto y buscar las cosas buenas que pueden ser parte de nuestra vida, que son sólo para nosotros y que sólo nosotros sentimos. Si somos capaces de liberar la fuerza fijada por los pensamientos negativos, entonces podremos dirigir nuestros pensamientos conscientemente hacia la dirección positiva, y esto todos los días, cada vez con mayor frecuencia. Las personas mentalmente fuertes no se lamentan, no buscan errores en los demás. Ellos son capaces de compartir sinceramente el éxito del otro. Ellos no se atormentan de lo que no pueden cambiar, no tienen ansiedad, no le dedican tiempo. Por lo general aprecian el tiempo porque reconocen su valor. Les gusta estar y pueden estar solos, pueden pasar el tiempo con eficacia, a diferencia de las personas mentalmente débiles, que derrochan el tiempo y si están solos no saben qué hacer con ellos mismos. Vamos a crear un entorno de vida adecuado para nosotros mismos, expresando nuestras necesidades espirituales."*

## UN MOMENTO DE LA ETERNIDAD

Gracias a la experiencia de su larga vida, el padre Ernest Nyáry conocía bien al Hombre, su ansia de poder, su arribismo y egoísmo ilimitado. El padre sabía que la formación de todo eso dependía del entorno, de la educación de la persona, y que los fracasos causados por falsos objetivos, en serie, conducen a la distorsión de la personalidad. Analiza casi como un psicoanalista las raíces de las personas que buscan ayuda y que llegaron a su horizonte de sacerdote.

*"¡El mundo no te debe nada - no creas que todo el mundo es tu deudor! - dijo. Si recibimos todo en nuestra infancia, en la edad adulta sentimos que tenemos el derecho a tener todo sin hacer nada. Esperamos recibir del mundo todo lo que necesitamos, y si por casualidad no sucede, nos quejamos. Y la vida no nos va a dar todo en una bandeja. Tenemos que hacer que los hombres sean conscientes de que los éxitos se logran por nuestra propia fuerza, por nuestros propios esfuerzos físicos y espirituales. No podemos esperar que otros alcancen nuestras metas en nuestro lugar."*

Sólo podemos añadir las observaciones del compositor húngaro Zoltán Kodály acerca de la temprana educación musical. "Yo respondí a la pregunta: ¿cuándo iniciar la educación musical de los niños? - Nueve meses antes de su nacimiento. La madre no da sólo su cuerpo al niño, sino que construye su alma de la suya misma; incluso yo diría, nueve meses antes del nacimiento de la madre comienza la educación musical de los niños".

Así debería ser la educación de los niños.

Pero la gente venía a ver al padre Nyáry generalmente después de arruinar sus vidas.

Encontramos entre sus consejos: *"El mejor camino a la felicidad es hacer felices a los demás. La forma más fácil de sentirse bien es llenar a los otros con buenos sentimientos. Esto puede significar cualquier ayuda, un buen consejo, una donación, una sonrisa, la escucha. La ayuda desinteresada proporcionada a los demás tiene una gran fuerza positiva, que contiene en sí misma el maravilloso sentimiento de amor incondicional. No podemos causar alegría a los demás sin participar de ella."*

Los hombres buscan instintivamente la fuerza directriz, la que piensa en su lugar. Les gusta buscar a alguien que realice sus sueños y deseos. El poder profano dirige de forma arbitraria y en interés propio. El sentido natural de justicia se ve perturbado en su jurisprudencia. La estructura del sistema interno se ablanda, como la moral, los puntos de referencia y el control. Finalmente el hombre se vuelve incierto, se desmoraliza, el hilo conductor para salir del laberinto se pierde para siempre. Es por esta razón que el padre Ernest Nyáry deseaba reconducir a sus corderos a la iglesia, a la fe, a los mandamientos grabados en piedra para seguir las normas de comportamiento, las reglas designadas como el único camino para la supervivencia de las normas que permiten que los individuos tengan éxito sin comprometer los logros de los demás. El hombre que no culpa a otros de sus deseos insatisfechos, sino que es capaz de hacer frente a sus discapacidades. El primer paso para salir del callejón sin salida es el conocimiento de uno mismo.

A la pregunta del objetivo de su actividad, el Padre dio la más noble respuesta:

*"Refuerzo hombres en su fe católica".*

El padre, en la completa soledad de sus últimos días, y en total paz consigo mismo y con el mundo, entregó su alma a Dios el 18 de agosto de 1987. El padre Ernest Nyáry fue puesto en reposo eterno en el cementerio del monasterio el 21 de agosto.

"El lunes por la tarde participó con nosotros en las vísperas. Volvió a su habitación, como de costumbre, y descansó. No se fue a la cama, se fue al otro mundo con su libro de oraciones en la mano. Su último viaje a casa le causó gran placer. Su regreso al convento fue una gran misericordia a nuestra comunidad de Avon, iluminada por los días que pasamos juntos..."- recordó Jean Baptiste Foch, prior del Convento de Carmel en Avon.

Tumba del arzobispo de Bagdad Ernest Nyáry, en el Convento de Carmes en Avon

Placa sobre la valla del convento de Avon

## La Orden Carmelita

Si seguimos la fantástica vida del Padre, si reconsideramos sus actos, a cuántos hombres ha restaurado la fe, devolvió la esperanza en su trabajo, a la cantidad de personas a las que ha asegurado una oportunidad de avanzar mostrándoles la manera correcta, y ayudando allí y cuando fue necesario, tanto en la práctica como espiritualmente. La pregunta surge inevitablemente: ¿Cuál fue la motivación que llevó a este joven de buena familia, buena apariencia, graduado y políglota, a optar por la renuncia, el encierro y la soledad en lugar de la vida mundana? ¿Por qué eligió la Orden de los Carmelitas, el hábito monástico en lugar de la profesión de clero secular? Sabemos que sentía la motivación de servir a Dios desde la infancia. Describió el papel de monje, predicando, seguido sobre todo de su hermana Eszter cuando Ernest era el sacerdote y su hermana el acólito en la adolescencia. Su nostalgia de los "lugares santos", y su conmoción de adulto a la edad de 22 años sentado en un banco parisino cuando "su espíritu se había aclarado" para "ofrecer su vida y futuro a la protección de la Virgen María de Lourdes", hagamos una vez más hincapié en ese decisivo día de su vida. Llegó a Lourdes en bicicleta la noche del 29 de junio de 1928. La misma mañana escuchó una misa santa en Tarbes, donde se habló sobre la falta de sacerdotes en la predicación. Al llegar a Lourdes, se unió a peregrinos españoles. Descubrió entre ellos la verdadera vida espiritual. Fue entonces cuando se hizo la pregunta: *"¿A dónde voy?"*. Obtuvo la respuesta a esta pregunta meditando en la Gruta de las Revelaciones. Es aquí cuando sintió por primera vez que: *"¡El buen Dios, la Virgen María, los ángeles y los santos están con nosotros!"*.

Fue en Lourdes donde definitivamente se comprometió a servir a Dios. Ernest Nyáry sintió claramente la "llamada espiritual" y el "compromiso". Toda su vida anterior había sido la preparación para este momento, y después de tomar esa decisión todos sus pasos estuvieron determinados por este fin. Su propensión hacia la religión, su inmersión en la fe, lo llevaron a ayudar a los demás, a servir en una misión, y al puritanismo de la vida monástica. Su atención se dirigió hacia la Orden de los Carmelitas. La base del funcionamiento cotidiano era la vida en una comunidad de eremitas, su dirección espiritual era la oración contemplativa, por lo que pasaba gran parte

# UN MOMENTO DE LA ETERNIDAD

del día en soledad. Pero la misa cotidiana, las comidas comunes y la oración oficial de la iglesia, se compartían. Esta forma de vida se correspondía con las necesidades de Ernest Nyáry.

La Orden de los Carmelitas, la Orden de Nuestra Señora del Monte Carmelo es una orden católica de monjes fundada en el siglo XII. Es bajo la dirección del Santo Bertold, fallecido en 1185, que la orden fue fundada en el norte del actual Israel, en el Monte Carmelo en la región de Palestina, con sus antiguas cuevas que proporcionaban refugio a muchos, incluso al profeta Elías, como dicen las leyendas sagradas. La serena belleza natural, su cierre no perturbado, inspirando la meditación, explican que sirviera de morada para ermitaños desde el siglo IV. En 1156 los peregrinos cristianos se asentaron en el monte, bajo la dirección de Berthold de Calabria y bajo su liderazgo se unieron, formando la orden con el nombre del monte. Levantaron su primer claustro junto a la fuente mencionada por el profeta "Fuente de Elías", y su capilla fue consagrada a la Virgen.

Consideran que su comunidad está bajo la protección especial de la Santa María, por eso la adoración de María es muy fuerte en la orden hasta nuestros días. La palabra Carmel también significa la imagen que hace alusión a la Bienaventurada Virgen María. Los textos sagrados que describen la belleza de la montaña significan la glorificación de la belleza de la madre del hijo de Dios, de acuerdo con la interpretación de eclesiásticos y autores. Su orden, a la que San Alberto, patriarca de la Iglesia de Jerusalén, dio una regla en el siglo XIII, por el respeto de María y de su trabajo apostólico, hizo la orden más conocida en Europa bajo el nombre de Orden de los Carmelitas. Su vestimenta característica era un "escapulario marrón", una gran pieza de tela, de la misma longitud por delante y por detrás, portada sobre los hombros como hábito.

Según la tradición, la primera pieza había sido usada por la Santísima Virgen María. Con el paso del tiempo, los fieles laicos portaban este hábito sobre los hombros unidos por dos tiras de tela, por razones prácticas, decorado con la imagen de la Bienaventurada Virgen María del Monte Carmelo y del Sagrado Corazón de Jesús. El padre de Ernest Nyáry había guardado uno de los escapularios, que tuvo un gran efecto sobre el niño, inclinado a la creencia.

La orden recibió el permiso para establecerse en Hungría del rey Luis el Grande, debido a que los confesores de su madre eran sacerdotes carmelitas. El papa Gregorio XI encargó la fundación del convento en su carta del 28 de julio 1372. La Iglesia de la Bienaventurada del Monte Carmelo y el convento fueron los primeros lugares santos de los Carmelitas en Budapest. La capilla y el convento, provisionales originalmente, se consagraron en 1896, y la orden tomó posesión de la iglesia en octubre de 1899, y existe hasta nuestros días. El arzobispo Ernest Nyáry mantuvo sus sermones silenciosos en la iglesia carmelita de la calle Huba durante sus visitas a Budapest en los años ochenta. Es aquí donde se celebraría en 1987 la santa misa en el aniversario de los cincuenta años de su ordenación.

Sacramento de la iglesia de la calle Huba, 1899, Francisco José I. emperador y rey allí presente

## Epílogo del autor

Éva Nyáry

Mi padre, el profesor Dr. József Nyáry, nació el 9 de octubre de 1913 en Bratislava.

Después de terminar sus estudios de médico especialista de la Universidad de Medicina de Debrecen, se trasladó a Budapest, donde trabajó como neurólogo hasta su muerte, el 21 de octubre de 1973.

Por supuesto, yo era consciente del pasado noble de nuestra familia, pero no era aconsejable pensar sobre ello en voz alta en el régimen de la época. Fue únicamente tras el cambio político cuando empecé a elaborar el árbol genealógico de mi familia. El hermano de mi padre, Károly, cinco años más joven que él, que vivía en Budapest, contribuyó a mi investigación. He oído muchas historias de él y de Ferenc, hijo de su querida hermana Eszter que vivía en la mansión de la familia en Kossut, hablando acerca de su hermano Ernest, con el que permanecían en contacto. Mi padre me habló mucho de su hermano, siete años mayor, y también sobre sus cambios en la carrera y en su vida después de su ordenación.

Zsolt Farkas, ingeniero, me ayudó mucho con sus recuerdos teñidos de respeto y admiración hacia Ernest Nyáry. Se encontró con el arzobispo durante una misión oficial en Irak en 1982. Después de este encuentro en Bagdad mantuvieron correspondencia, y cuando el Padre visitaba en Hungría, el señor Farkas acompañaba regularmente el anciano Padre a sus programas religiosos, reuniones familiares y encuentros con amigos.

Yo conocí a mi legendario tío por primera vez en 1984 en el círculo familiar.

Con ocasión de otra visita a Budapest en octubre de 1985, tuvo la oportunidad de ver por primera vez en su vida la corona del rey San Esteban y las joyas de la corona que se exhibían en el Museo Nacional. Es después de esta visita cuando me recomendó pintar en grande las imágenes de esmalte en miniatura de la corona, las 27 piezas, una creación histórica y única que merece una atención especial. Los pequeños cuadros ocupan un lugar elegante en la historia de la aplicación de esta técnica. Su valor artístico lo incrementa el hecho de que las 19 imágenes figurativas en esmalte, y las 8 decoraciones retroiluminables de la diadema se ven una corona. La pintura de estas imágenes en oleo no es importante sólo por la difusión de conocimientos, sino también desde el punto de vista de la investigación relacionada con la corona. La presentación de figuras y motivos a escala exacta podría proporcionar resultados desde todos los puntos de vista.

Sin embargo, el padre Nyáry se dio cuenta de que la imagen de la Virgen faltaba en la corona. Dijo que según la tradición había estado allí, pero probablemente se había cambiado por la imagen de Miguel Ducas, emperador bizantino. La serie se completó en base a sus consejos en los primeros años ochenta, después de mucha labor de investigación y consulta con expertos (Prof. Dr. István Kállay, Prof. Dr. Iván Bertenyi, Prof. Dr. Tibor Seifert), por lo que añadí la imagen de la Virgen en 1995.

Al Padre Ernest le gustaban los paseos en mi compañía. Admiraba las vistas de la orilla del Danubio, el Palacio Real, las pequeñas embarcaciones que se deslizan por el río, la concurrida calle Váci, el centro de la ciudad. *"Budapest es la ciudad más bella del mundo, para*

# UN MOMENTO DE LA ETERNIDAD 67

*mí lo sigue siendo, a pesar de todo lo que ha sucedido."* - decía. Sentí la emoción en su voz. *"Ahora estoy aquí, eso es lo esencial."*

La imagen de su madre había sido siempre un recuerdo doloroso. Incluso después de cincuenta y cinco años se acordó con un nudo en la garganta de la fría noche cuando fue definitivamente separado de su casa natal y se despidió. Siempre tuvo en su corazón la cara en lágrimas de su madre, su mirada asustada y el refugio que buscó en sus brazos. Fue su madre quien tomó la difícil decisión, y de repente dejó que su hijo se fuera, se limpió las lágrimas. *¡Ve hijo mío, ve con Dios!* - y se apresuró a regresar a casa.

Llegamos a nuestra última reunión en 1986. Esperé en Budapest en el Hotel Gellért, donde solía alojarse en sus visitas a Budapest, como ciudadano francés, bajo el nombre de Ernest Nyáry. Eran Zsolt Farkas y una joven hermana dominica, Madelaine, los que le acompañaban como de costumbre. La hermosa Madelaine, de finos rasgos, hablaba varios idiomas y fue acompañante permanente del Padre. Fue ella quien se encargaba de los visados, viajes oficiales, de la correspondencia y le procuraba comodidad.

El padre Ernest llegó vestido de civil, como de costumbre, un elegante traje oscuro, la postura medida, sosegada y la agradable sonrisa conocida por mí. Después de tomar asiento cómodamente y de algunas palabras acerca de la familia y mi trabajo, fue al objeto de nuestro encuentro. Tras haberme conocido mejor, decidió confiarme su legado. Me pidió que guardara los documentos más importantes de su vida, su carrera, y los documentos oficiales, artículos de prensa, las grabaciones sonoras y las fotos para la posterioridad. Puso las preciosas reliquias frente de mí y añadió largas explicaciones de cada una. Así pude conocer todos los detalles de la historia de su vida.

Yo ante todo estimaba en mi tío, Ernest Nyáry, una persona que quería a su familia, que siempre me daba la bienvenida con el corazón cálido, que daba buenos consejos para toda una vida honrándome con su confianza, al padre arzobispo. Siempre sentí en su presencia la proximidad de la sagrada espiritualidad. Cuando me despedí besando su anillo de obispo, y dibujó una cruz en mi frente como solía en señal de bendición, no pensé que lo viera por última vez.

Sus atenciones quedan reflejadas por la carta que me envió tras su regreso a Francia, para hacerme feliz, *"Te doy las gracias por toda la amabilidad con la que me has rodeado... te lo agradezco de todo mi corazón y te felicito por tus escritos. ¡Que Dios te bendiga!"*.

Escribió una carta muy similar a Zsolt Farkas, quien fue su ayuda durante sus viajes a Budapest, para darle las gracias por sus esfuerzos.

Después de su muerte no pensé en absoluto que más allá de la "custodia" de su legado podía hacer algo más. En los años ochenta organizaba muchas exposiciones en Budapest, en el extranjero y en provincias; estaba ocupada con la pintura, la educación de mis dos hijas, cuidando la casa junto a mi marido, diplomático en relaciones exteriores de alto cargo. Después de completar el servicio en el exterior volví a Hungría y mis energías liberadas me condujeron a la idea del padre Nyáry y comencé a madurar el proyecto de pintar la Santa Corona. Las imágenes se acabaron en 1991, y la exposición de las diecinueve pinturas - más tarde con la adición de la composición de la Virgen María veinte pinturas - comenzó a viajar, hasta el día de hoy, algo que me ha aportado muchas alegrías y emociones.

A través de mis familiares conocí a un abogado, graduado cincuenta años atrás, que había sido compañero de clase en la escuela secundaria y buen amigo de Ernest Nyáry. Desafortunadamente él es el único que puede recordar el pasado, además de familiares. Fue él quien me contó que el arzobispo ya retirado hizo otra visita a Vác antes de su retorno definitivo a Francia, para revivir los recuerdos de sus últimos años de escuela secundaria en los Escolapios, para decir adiós a viejos amigos de su juventud.

Su antiguo compañero de escuela recuerda así sus años de juventud: *"Ernest era un excelente estudiante. Todos lo estimaban y amaban por su comportamiento noble y cercano. Hizo todo lo posible por adaptarse como un amigo a los compañeros de clase y lo consiguió."* El compañero de clase de Ernest Nyáry continuó sus estudios en Viena, como él, y ambos se sorprendieron al encontrarse un día en el bulevar. Desde entonces se reunían cada domingo por la mañana para pasear, tomar un café y charlar. Cerca de cincuenta años pasaron, sin noticias de Ernest. En 1974, Ernest Nyáry apareció inesperadamente para encontrarse con catorce antiguos alumnos que se reunieron para celebrar el quincuagésimo aniversario de su graduación. Todo el mundo estaba sorprendido y muy feliz de verle, y le dieron la bienvenida con gran amor. Incluso celebró una santa misa en la iglesia de los escolapios de la calle Huba".

La magnífica vida de mi tío me preocupaba más y más con el tiempo. El escuchar una y otra vez sus grabaciones sonoras pensé en mi propia vida. Me di cuenta de lo que podía agradecer a nuestras conversaciones, a su carismática personalidad: las diecinueve pinturas de la corona de San Esteban realizadas bajo su inspiración, el éxito internacional de mis exposiciones de las imágenes de esmalte en el extranjero y en el país y mis preciadas relaciones adquiridas a través de las investigaciones y presentaciones relacionadas con la corona. Incluso puedo añadir mi libro publicado sobre el tema, la serie de sellos acerca de los cuadros de la corona de la Casa de Correos de Hungría y las condecoraciones y honores que me trajeron. Pero conseguí la mayor estima humana y una posición en la Orden Militar y Hospitalaria de San Lázaro de Jerusalén bajo el espíritu de su atracción.

Mi tío fue nombrado caballero de la orden con su compañero sacerdote József Mindszenty en 1938. Es bajo su influencia que me aproximé a la Orden de los Caballeros para ayudar a las personas necesitadas, cuya renovación fue posible después de la Segunda Guerra Mundial en la República de Hungría, el primero de los países de Europa del Este.

Mi nombramiento, junto con otros nuevos miembros, se produjo el 28 de octubre de 1990 en la ceremonia de la Orden de los Carmelitas de Keszthely. He participado activamente en las operaciones humanitarias desde los primeros años, y hoy en día dirijo la representación de Hungría como Gran Prior de Hungría.

Mi libro publicado acerca de mis pinturas sobre la corona en 2002, y otro acerca del arte decorativo de Hungría en 2006, me animaron a intentar resumir la vida de mi tío por escrito. Recopilo material desde hace años, leo los artículos escritos por él y sobre él, y trato de orientarme sobre las estaciones de su vida, tanto en sentido histórico como geográfico. Descubro la historia de mi familia en primer lugar para mí misma, su pasado, sus períodos vividos en diferentes situaciones y momentos. La grandeza de su vida y de su personalidad se justifican inequívocamente mediante las palabras de mi tío: *"Me parece que una sola idea teje la historia de nuestra familia y nuestros parientes, la divina Providencia nos acompaña a todas partes. La gran bondad que encontramos en nuestro entorno nos demuestra únicamente que existe un vínculo común que nos une a todos, que ni siquiera la muerte puede desgarrar, y es el amor".*

Mi madre Margit Szoboszlai

Mi padre Prof. Dr. József Nyáry

Éva Nyáry (Grand Prior de Hungría)

La historia de la familia Nyáry en los siglos XIX y XX está estrechamente relacionada con la historia de la familia Esterházy.

## Posesiones de la Familia Esterházy

La familia Esterházy adquirió la propiedad de Ugod y la adjunta de Teszér después de la extinción de la familia Horváth de Vázsonykő (Nagyvázsony) en el siglo XVII. Fue Miklós Esterházy, que poseía una de las más espectaculares carreras del siglo, el que sentó las bases de la riqueza y el poder de la familia. Miklós nació como décimo hijo de Ferenc Esterházy, subprefecto de la provincia de Bratislava y de Zsófia Illésházy, el 8 de abril 1683. Miklós compartía la antigua propiedad con sus nueve hermanos; además los padres debían preocuparse por casar a sus tres hijas.

Aunque Miklós Esterházy procedía de padres de Confesión Augustana, estudió en Nagyszombat, Sellye y Viena entre los jesuitas, donde se convirtió al catolicismo en 1600, antes de la edad de dieciocho años. A partir de entonces vivió en el séquito de su tío, József Illésházy, más tarde palatino del país, hasta la muerte de este en 1609, y posteriormente desempeñó sus servicios en la guerra bajo la bandera de Ferenc Magóchy, capitán de

El escudo del conde Esterházy

Kassa. Magóchy falleció el 21 de noviembre de 1611, y Miklós Esterházy se comprometió con su viuda, Orsolya Dersffy el 1 de enero de 1612, y se casaron el 22 de noviembre de ese mismo año. En 1619 Esterházy enviudó y en 1624 se volvió a casar. Su segunda esposa fue Krisztina Nyáry de Bedegh (1604-1641), viuda de Imre Thurzó. Los dos matrimonios, y las propiedades obtenidas por ambos matrimonios, facilitaron el camino para su promoción social. El excepcional prestigio social e influencia política de Esterházy, cuya "teórica" base fue su conversión al catolicismo y su fidelidad inquebrantable a los Habsburgo, le facilitaron la toma de posesión de los dominios adquiridos por el matrimonio. Su segunda esposa compartía las propiedades de Enying con sus hermanas, entre otras los castillos en Pápa y Gesztes, que su padre Pál Nyáry y su esposa Zsuzsa Török habían poseído. Miklós obligó a sus cuñadas al intercambio desventajoso de propiedades, y en 1628 sus dominios pasaron a manos de Miklós Esterházy. Amplió los dominios de Pápa con los dominios vecinos de Ugod y Devecser adquiridos por compra. Por compras y empeños consiguió otros dominios, y a su muerte dejó doce grandes propiedades a sus herederos.

Las propiedades de Miklós Esterházy fueron heredadas por sus hijos, Pál (1635-1713), más tarde palatino, y Ferenc (1641-1684) capitán jefe de Pápa y Sempte, fundadores de la rama más antigua de los Esterházy (principesco) y la más joven rama Fraknó (conde). Pál y Ferenc Esterházy compartieron las propiedades heredadas en 1660; Ferenc ostentaba la señoría de Sempte, ubicada en los condados de Bratislava y Nitra, y la señoría de Pápa-Ugod-Devecser y Gesztes en la Transdanubia, en los condados de Zala, Vas, Veszprém, Gyor, Fejér y Komárom.

Ferenc Esterházy tuvo tres hijos con su segunda esposa Kata Thököly. Los hermanos compartieron las propiedades heredadas por primera vez en 1700, y luego nuevamente en 1702. El hermano primogénito Antal tenía la señoría de Gesztes; sus hermanos pequeños, Ferenc y József compartían las propiedades de Pápa-Ugod-Devecser y otros dominios. Antal Esterházy (1678-1722) se unió al campamento del príncipe gobernador Rákóczi durante la Guerra de la Independencia, y sirvió allí como general. El emperador José I confiscó sus propiedades en un documento de fecha 12 de noviembre de 1709 por el delito de "infidelidad y traición a la patria", y cedió la señoría de Gesztes a sus hermanos pequeños que sirvieron en el ejército imperial. La propiedad fue realmente registrada en sus nombres en 1721. El señorío de Pápa-Ugod-Devecser y Gesztes se convirtió en un beneficio común de los dos hermanos: la dirección efectiva del primero estaba en manos de Ferenc, y en manos de József la nueva adquisición.

Pápateszér se convirtió en parte de los latifundios de Pápa al final del siglo y así se quedó posteriormente. En 1721 Ferenc y József Esterházy ejecutaron serios cambios estructurales en el

# UN MOMENTO DE LA ETERNIDAD

funcionamiento del señorío. Pápateszér, Ugod, Szerecseny con la granja de Csót, se convirtieron en partes del dominio de Gesztes. Un forestal trabajaría junto al regidor en la granja de Ugod a partir de esta fecha. Los cerdos fueron engordados en la administración de Ugod; el forraje se recogía como diezmos pagados por los pueblos del señorío y por Teszér. En 1735 se midió el señorío de Pápa de los Esterházy, y sobre esta base, podemos tener una idea de la economía de la hacienda y la vida de los pueblos. Teszér era el pueblo más grande del señorío de la época después de la ciudad de Pápa y el señorío de Ugod, finca con 98 parcelas, de las cuales 95 eran cultivadas.

La calcinación de la cal era la principal actividad de la región, y pequeños talleres de sopladores de vidrio funcionaban en los bosques cerca del pueblo. Como actividades complementarias estaban la calcinación de la potasa y del carbón. Muchas personas eran empleadas como leñadores, ya que las pequeñas fábricas necesitaban la madera; el transporte de la madera y de los productos que terminaban en los mercados fueron también fuente de trabajo importante.

## La familia Esterházy

Csallóköz era el antiguo hogar familiar de los Esterházy de Galantha. Su familia deriva del linaje de Salomón. Los dos niños, Pedro e Illés, compartieron las propiedades ancestrales de la familia de Salomón en 1238, el primero fundaría la familia Esterházy y el último la familia Illésházy.

La familia Esterházy comenzó a crecer en el transcurso del s.XVI. Miklós Esterházy se convirtió en uno de los hombres más ricos del país, después de casarse con Orsolya Dersffy. Después de la muerte de su esposa se volvió a casar; su nueva esposa, Krisztina Nyáry, trajo una fortuna considerable y numerosos parientes nobles al matrimonio. Por lo tanto, no es sorprendente que Miklós Esterházy fuera elegido palatino del país en la Dieta de Sopron en 1625.

Conde Pál Esterházy

Retrato y firma del palatino Miklós Esterházy. Bajo la imagen, el lema del palatino: IN VITA INVIDIA

El rango y el poder de la familia Esterházy no hicieron sino aumentar con Pál Esterházy, nacido en 1635, que se convirtió en regidor de Sopron, y más tarde mayordomo jefe. La lucha contra los turcos ocupó la mayor parte de su vida. Participó en la liberación de Buda de la ocupación otomana en 1686. Fue elegido palatino en Sopron en el año 1681. Recibió el título de duque imperial alemán-romano por ser primogénito en 1687, y el emperador le condecoró con el vellocino de oro. El rango de duque se extendió a toda la línea masculina por el servicio fiel de la familia a los Habsburgo en 1711. Continuó enriqueciéndose con los matrimonios, primeramente al casarse con su sobrina Orsolya, y después con su segunda esposa Eva Thököly, con la que adquirió la mayoría de la fortuna de los Thököly. Dispuso de la mayor posesión de terrenos del país en su testamento. Sus tierras superaron el millón de acres.

Después de la muerte del palatino Pál, sus hijos Mihály y József tuvieron una corta vida. Después de su muerte, Pál Antal tomó el mando de la señoría. Comenzó la fundación de la biblioteca en tanto que gran amante de la música y las artes. Fue él quien fundó la orquesta que tan famosa llegó a ser posteriormente; contrató al compositor con la más amplia carrera musical de la época, Joseph Haydn.

Miklós Esterházy (de Galántha)  
1583-1645.

Krisztina Nyáry (de Bedegh)  
1604-1641.

Volviendo a mi tío después de la breve introducción a la historia de la rama de nuestra familia perteneciente a la alta aristocracia, me decidí a escribir la historia de su vida. Guardo en su legado las grabaciones sonoras con su voz, algunas meditaciones que escribió, los artículos sobre él, las fotografías y otros documentos. Complementé todo esto con lo que él dijo y con recuerdos de familiares y amigos.

El padre Ernest Nyáry hablaba en las cintas de su vocación sacerdotal y de la esencia de la nueva misa a sus hermanos sacerdotes de Nova Ves nad Žitavou. Incluyó el despertar de su vocación, su radicación en el extranjero, la historia de su nombramiento como arzobispo y consagración de obispo. A continuación, hay una meditación sobre el secreto de la Inmaculada Concepción, de la cual, la traducción al húngaro de sus escritos apareció en 1954 con motivo del centenario en la revista "Carmel". Terminó sus ideas, dirigidas a sus hermanos sacerdotes a modo de testamento espiritual, acompañado de las citas del Apocalipsis: *"Me gustaría que, mis queridos hermanos sacerdotes, cuando llegue el Señor Cristo, pudierais decir con alegría: ¡Venid a mi Señor Jesús! ¡Que su gracia sea con usted! ¡Y que Dios os guarde!"*.

Se grabó una cinta sobre la familia, en la que enumera con precisión sus antepasados paternos y maternos, la breve historia de los acontecimientos de su vida desde su nacimiento, pasando por Avon y hasta su puesto en Bagdad. Su nombre apareció en la prensa húngara en los años setenta y ochenta.

El periódico católico "Új Ember" (Nuevo hombre) publicó un artículo sobre él en mayo de 1971, con motivo de su nombramiento como arzobispo de Bagdad. La revista "Vigilia" publicó un reportaje detallado con el título de "Escudo" en 1977, con muchos datos sobre su vida en Bagdad. Su gran sabiduría, inteligencia y su alto cargo eclesiástico no impidieron que tuviera modales sencillos, que esta pequeña historia pone de manifiesto: "El teléfono suena en el Palacio del arzobispo, el propio arzobispo contesta al teléfono. La persona al teléfono pregunta: "¿En qué idioma puedo hablar, alemán o inglés?" el arzobispo responde: como quiera - la conversación continúa en alemán, pero la persona que llama tiene un vacío en la memoria y tartamudea en húngaro: ¿Cómo decirle? - ¡Pues dígalo en húngaro! - reacciona inmediatamente el arzobispo".

Un reportaje acompañado de imágenes se publicó en el popular semanario "Tükör" (Espejo) en agosto de 1980 y el mismo año recordaron su servicio de veinticinco años en Irak en un periódico religioso llamado Szolgálat (Servicio). Escribió en detalle sobre el exitoso desarrollo de la educación católica en Irak en los años cincuenta, con 1.700 alumnos en sus escuelas y la nacionalización de

# UN MOMENTO DE LA ETERNIDAD

la educación que se produjo algunos años más tarde. Habló sobre el valor de los "círculos culturales" de la juventud cristiana, así como de las preocupaciones litúrgicas de las iglesias católicas de ritos e idiomas diferentes.

Su presentación del libro del monje carmelita Federico Ruiz sobre San Juan Bautista apareció en el último número del periódico Szolgálat en 1986, traducido al húngaro por Mária Puskély. En 1986 "Stáció" (Estación), una revista religiosa, publicó la historia de su carrera y su trabajo en Irak en un artículo bajo el título "La vida de Ernest Nyáry". Radio Vaticano cubrió la vida y la muerte de Ernest Nyáry, arzobispo de Bagdad, en su programa en húngaro el 19 de agosto de 1987. Radio Free Europe emitió un anuncio sobre el mismo tema.

Falleció en el 81° año de su vida, el 51° de su ordenación como sacerdote y el 16° de su función de arzobispo, poco después de haber celebrado las misas de oro en Avon, en Francia.

Su funeral tuvo lugar el 21 de agosto en el cementerio del monasterio. Es la inusual vida, fuera de lo común, de un sacerdote húngaro que terminó con su muerte. Un monje fiel, anciano, de excelentes habilidades, ha abandonado el mundo terrenal para encontrar la patria eterna.

Era independiente, de lealtad incondicional, dondequiera que fuese colocado por la Providencia. "Porque sabemos que si esta tienda, que es nuestra morada terrestre, se desmorona, tenemos un edificio que es de Dios: una morada eterna, no hecha por mano humana, que está en los cielos". Nosotros guardamos su bendita memoria con devoción, y la transmitiremos a los tiempos venideros.

Agradezco al primer crítico de mi libro, el Dr. habil. László Selmeczi, cuyos comentarios ayudaron y aprobaron mi intención de escribir este libro.

Dr. Zsolt Semjén Viceprimer Ministro de Hungría, Presidente del Partido Popular Demócrata Cristiano, contribuyó a la publicación de este libro honrándome con sus palabras de apoyo.

## Líneas de recomendación del Dr. Zsolt Semjén al libro que nos presenta la vida del padre Ernest Nyáry, monje carmelita, arzobispo de Bagdad.

Son las estaciones de una vida fuera de lo común las que se desarrollan en las páginas de este libro. Si miráramos esta historia de una manera profana, estos serían los detalles de la rica vida de ocho décadas del siglo XX de un descendiente de una antigua familia aristócrata húngara. Pero tras la lectura de estas páginas como hombre creyente, podemos descubrir la huella oculta de las manos de la Providencia. Podemos ver dónde se establecen los límites, las posibilidades de toma de decisiones para el hombre en el camino hacia Dios. El padre Ernest reconoció estos signos, encontró su misión individual y realizó con humildad las obligaciones que se le impusieron. Sirvió como erudito teólogo, más tarde como monje carmelita ofreciendo refugio a los perseguidos de la guerra mundial en su convento, y después como prelado sirvió a Dios y al pueblo encomendado a él en la diócesis de Bagdad.

Conservó su lengua materna en los países extranjeros hasta su muerte; muchos lazos lo vincularon a su casa, a sus raíces familiares. La biografía del padre Ernest Nyáry es una lectura instructiva, un ejemplo de su fe y fidelidad hacia las obligaciones y sacrificios, capaces de abrir nuestros ojos a las misiones a las que la Providencia nos llama.

Marzo de 2014

Dr. Zsolt Semjén
Viceprimer Ministro

# APÉNDICES

## Recomendación

El arzobispo carmelita Ernest Nyáry figura entre las más importantes personalidades carmelitas del siglo XX, que este libro biográfico nos presenta. Nació en Hungría, pero entró en los carmelitas en Francia, próximo a los treinta años. Aquí vivió la Segunda Guerra Mundial y la ocupación alemana. Llegó a la capital de Irak, Bagdad, con una población de cuatro millones de habitantes, para dirigir la misión carmelita a la edad de cuarenta y ocho años. Más tarde se convirtió en arzobispo de Bagdad.

El lector puede conocer la instructiva vida de un monje carmelita nombrado arzobispo. Entre otras cosas, de la forma en la que defendió a los perseguidos durante la ocupación alemana, y de cómo cumplió su misión en Bagdad, en una muy pequeña comunidad católica rodeada de los aspectos culturales y religiosos de una mayoría musulmana.

Ojalá que este libro ayude a los lectores en la profundización de los valores religiosos y culturales del cristianismo y en la transmisión del mensaje a los demás.

Cardenal Dr. László Paskai,
Arzobispo de Esztergom - Budapest

## Recomendación

Es una gran felicidad y honor para mí poder escribir una recomendación al libro de la condesa Éva Nyáry en el que desarrolla la vida de su tío, el arzobispo católico latino de Bagdad Ernest Nyáry.

La vida del arzobispo Ernest Nyáry (de nombre original conde Ernő Károly Albert Nyáry) es más interesante que cualquier novela de aventuras y una lectura más instructiva y edificante que mucho libros espirituales. Monseñor el arzobispo nació en una familia noble de siete hijos de la Alta Hungría en 1906, y murió como monje carmelita sin bienes en 1987 a la edad de 81 años en el Convento de Carmel de la ciudad de Avon, en Francia.

Su camino nos lleva desde Turčiansky Peter por la vía de Bratislava, Trnava, Pécs, Vác, Viena, Paris, Innsbruck, Lille y Bagdad, para terminar en la pequeña ciudad francesa anteriormente mencionada.

Fue empleado de banco, soldado, instructor, superior de convento, prior, jefe de misión y arzobispo. Hablaba seis idiomas, tenía competencias en comercio, el mundo bancario, el servicio militar, filosofía y teología. Conocía las grandes religiones, las confesiones cristianas, y dentro de la Iglesia católica tenía conocimientos de las liturgias caldeas, sirias y armenias, aparte de la latina. Conoció al papa Pío XII, rindió visita varias veces a Pablo VI y estaba en contacto con el cardenal primado József Mindszenty y otras muchas excelentes personas de vida santa.

Pero lo que es más importante es que él mismo era hombre de vida santa. Su vida se caracterizaba por la búsqueda de la voluntad de Dios y la obediencia. En tanto que descendiente de familia rica siembre había sido consciente que nada nos pertenece en la realidad, sólo los bienes a los que podemos renunciar por el amor que damos a los demás, lo que sacrificamos a Dios. Su vida estuvo acompañada de la Cruz de Gólgota, que aparece en su escudo, y por tanto se quedó, como su sobrina ha escrito, sereno, de buen humor, un testigo auténtico del Evangelio anunciado por Jesús.

Fue un maestro al que se aplican las líneas del poema del poeta húngaro László Benjámin, titulado "Más que recuerdos":

"Sus atentas miradas nos siguen
Por encima de las fosas de la muerte,
Miro mis asuntos a través de sus ojos,
Me mido con ellos
Y el mundo cambia.
Son más que un recuerdo."

La situación de los cristianos en Irak se ha deteriorado significativamente después de la intervención americana. El número de fieles del arzobispo latino de Bagdad apenas alcanza ya las mil personas. Por tanto no podemos pretender que la obra del arzobispo Ernest Nyáry sea amenazada de destrucción. Continúa viviendo en nosotros, que miramos nuestros asuntos con sus ojos, para los que su ejemplo sirve de mesura.

En Veszprém, a 28 de febrero de 2014.

Dr. Gyula Márfi
arzobispo de Veszprém

## Recomendación

El hombre moderno se acerca de manera diferente a los libros, al mundo de las letras impresas, que como lo hicieron las generaciones anteriores. Hoy en día los jóvenes prefieren internet, las posibilidades del conocimiento total que promete en lugar de los libros.

Naturalmente podemos informarnos, y seguramente es práctico también con la ayuda de las nuevas herramientas del mundo moderno, pero el mundo de los libros, el olor de las hojas, el color particular de las imágenes y su atmósfera, la portada, nos ofrecen sentimientos que aquellos que desean adquirir rápidamente conocimientos en el mundo electrónico no pueden experimentar. Este libro que el lector tiene entre sus manos presenta una vida que merece no caer en el olvido. Habla de alguien de desciende de una antigua familia noble, que recorría caminos particulares en tiempos particulares y que experimentó situaciones especiales. Se encontró con numerosos personajes decisivos de su época. Guardó sus raíces húngaras, a pesar de los sufrimientos de las tempestades de la historia impactando en su vida y la de su familia. Guardó su fe a la que consagró su vida al servicio de la iglesia. Quería servir como hizo Jesús, y fue así como se convirtió en miembro y director del Convento de Carmel, donde tuvo la oportunidad de esconder a perseguidos, refugiados, de salvar vidas, no sin peligros para su persona.

La Providencia le llevó a Oriente, donde consiguió llegar hasta la posición de arzobispo de Bagdad. Servía como arzobispo, vivía por y para los demás, oraba como un verdadero monje y dirigía su pequeña y fiel comunidad cristiana como pastor.

No podemos sino admitir su talento, y aún así permanecía como hombre sencillo. Podemos admirar su saber, su conocimiento de idiomas, ayudándole a intercambiar ideas con personas de las que muchas cosas le separaban, pero con las que también conseguía relacionarse.

Podemos admirar al prelado siempre sonriente, modesto y de amplios horizontes, conocido y amado y respetado en muchos lugares del mundo.

Este libro rinde un digno homenaje a Ernest Nyáry, arzobispo de Bagdad, y nos instruye inteligentemente para que comprendamos lo que es importante en la vida y cómo debemos relacionarnos con el mundo, con el prójimo y con nosotros mismos.

Que este libro nos enseñe, divierta y enriquezca espiritualmente a nosotros, sus lectores.
Székesfehérvár, 2014.

Antal Spányi
Diocesano de Székesfehérvár

## Recomendación

Recomiendo encarecidamente este libro escrito sobre Mons. Ernest Nyáry, arzobispo de Bagdad. Yo fui uno de los padres espirituales en el Seminario Central de Budapest, donde pude conocerle personalmente mientras estuvo alojado en el Seminario durante una de sus visitas.

Permaneció en mi memoria como un anciano cultivado, hombre espiritual, un venerable prelado.

Conocí detalles de su carrera a través del padre carmelita Gábor P. Csapó, que obraba en la iglesia carmelita de la calle Huba en Budapest.

Es importante para nosotros los húngaros, especialmente para los húngaros católicos, conocer acerca de aquellos que han obtenido la estima para nuestro país e iglesia con sus vidas, perseverancia y desarrollo profesional, por lo que los podemos considerar como ejemplos a seguir.

Dios bendiga al autor y lectores de este libro.

Győr, 24/02/2014

Dr. Pápai Lajos

Obispo de Győr

## UN MOMENTO DE LA ETERNIDAD

**Recomendación**

## Vida de Ernest Nyáry, Arzobispo de Bagdad

El Lector tiene entre sus manos una inusual historia de la vida. Como el ángel del Libro de las Revelaciones dijera: "Ven y mira. Y salió otro caballo, bermejo, y al que lo montaba le fue dado el poder de quitar de la tierra la paz, y que se matasen unos a otros; se le dio una gran espada". (Revelación 6:3)

La historia del siglo XX del conde Ernest Károly Albert Nyáry, originario de la Alta Hungría, posteriormente padre carmelita y arzobispo latino de Bagdad, presenta un reflejo de la Cuenca de los Cárpatos que pasó por dos guerras mundiales y grandes acontecimientos históricos. Es una época en la que se cuestionan todos los valores, la humanidad, la europeidad, el cristianismo, dando la vuelta a todo y prometiendo un nuevo mundo que sirve de trasfondo a la vida del padre Ernest, arzobispo de Bagdad. La vocación monástica carmelita y el camino del amor humilde sirviendo siempre a Dios, Jesucristo y su Iglesia, el hombre y el hermano, emerge con claridad cristalina de este fondo apocalíptico desde muchos aspectos. Esta es la vida de sacerdote del monje Ernest Nyáry, permaneciendo sencillo y pequeño incluso en la cumbre de la jerarquía eclesiástica. Monseñor arzobispo Ernest Nyáry no se limita a ofrecer una lección histórica para el lector, sino también el testimonio de toda una vida cristiana siguiendo al hombre y a Cristo en todas las circunstancias.

El reconocimiento y agradecimiento a la condesa Éva Nyáry, autora de este libro, que compiló la instructiva vida, uniendo continentes y pasando por las guerras mundiales a través de los escritos de su tío, cintas magnetofónicas y material fotográfico, correspondencia y documentos de sus conversaciones personales.

El Libro de las Revelaciones no se limita a crear el mensaje de destrucción, en medio de sufrimientos, sino que abre el cielo, despierta la esperanza, de manera similar a la vida y obra del arzobispo Ernest Nyáry. *"El Cordero que fue inmolado es digno de tomar el poder, las riquezas, la sabiduría, la fortaleza, la honra, la gloria y la alabanza."* (Rev.5: 12)

Pannonhalma, a 1 de marzo de 2014

Asztrik Várszegi
Obispo in partibus infideliu, prelado de Pannonhalma

**Líneas de recomendación al libro que presenta la vida de Ernest Nyáry, arzobispo de Bagdad.**

El libro que presenta a Ernest Nyáry, descendiente de una familia noble de la Alta Hungría, monje carmelita, arzobispo de Bagdad, es un gran regalo para la posteridad. Presenta la vida, la carrera de un hombre concreto, y sigue los acontecimientos históricos, las tragedias y desafíos que los pueblos de la Cuenca de los Cárpatos vivieron en el siglo XX.

Ernest Nyáry era portador de una gran riqueza humana y cultural por parte de su familia y su país natal. Los acontecimientos históricos, el destino de su familia, sus motivaciones interiores en búsqueda de su vocación le ofrecieron una vida extraordinaria. Encuentra siempre entre ellos, a pesar del amplio horizonte y naturaleza, la posibilidad de hacer la paz con Dios y servir al interés de sus semejantes.

Deseo que este libro documente el mensaje de la rica vida de Ernest Nyáry y lo difunda para muchas personas.

Nándor Bosák
Obispo de Debrecen-Nyíregyháza

### Feliz quien tiene el honor de tener un familiar parecido

Poca gente ha oído hablar de Ernest Nyáry, el arzobispo católico romano de Bagdad en la diócesis de Szatmár, y supongo que muchos otros lo pueden decir igualmente. Esto no supone un problema ya que es sólo Dios quien tiene la cuenta de todo nuestro cabello, quien conoce a todo el mundo. Aún así estoy satisfecho de que aparezca el libro que narra su instructiva vida, acercándole al lector la vida y el servicio ofrecido a Dios del monje carmelita, el conde Ernest Nyáry, en una época tan tormentosa como fueron los años que precedieron y sucedieron a la Segunda Guerra Mundial.

Podemos admirar el compromiso, la fe y la lealtad a Dios y a la iglesia de un sencillo monje carmelita, el padre Ernest, posteriormente arzobispo de Bagdad, basado en una rica variedad de documentos. Podemos obtener el coraje y la fuerza para nosotros mismos. Todos vivimos en un mundo muy complicado, y es difícil encontrar puntos de referencia seguros que nos ayuden a recorrer el camino con honestidad. El ejemplo de su vida nos ayuda a conseguirlo.

Agradecimiento a la condesa Éva Nyáry, que meticulosamente ha revisado el legado de su tío y lo ha hecho público para todos los interesados. Feliz quien tiene el honor de tener un familiar parecido.

Pido la bendición a Dios para el autor y el lector

**Jenő Schönberger**
**Obispo de Szatmár**

En Szatmárnémeti, a 8 de marzo de 2014, fiesta de San Juan de Dios y día de los padres mártires.

## Recomendación

La vida de su excelencia Ernest Nyáry, arzobispo de Bagdad, es el testimonio que hace acto de fe de los regalos y la gracia de Dios. El deseo de la misión evangélica cuya raíz surgía en el amor del hogar familiar, se realizó por una espera paciente en la vocación monástica, seguida de valientes actividades de decenios pasados en Irak.

Es una vida simple y a la vez rica que se abre frente a nosotros, no protegida de la guerra, la separación y la experiencia de la miseria. Leyendo sobre los combates nos embarga una alegría serena y un amor por la vida que sólo una vida piadosa, cogiendo sus raíces de Dios y Jesucristo, puede llevar.

Recomiendo este libro con amor a todos los queridos lectores, citando las palabras de San Pablo para que tomen fe y fuerza de la vida de Mons. el Obispo, dirigida por la Providencia, en el mundo tormentoso de la vida cotidiana: *"Por el cual recibimos la gracia y el apostolado, para la obediencia de la fe en todas las naciones en su nombre" (Romanos1.5).*

Pécs, a 10 de marzo de 2014

Dr. György Udvardy<br>Diocesano de Pécs

## RECOMENDACIÓN

Los discípulos de Jesús llegaron a todos los rincones del mundo a lo largo de los tiempos. Lo hicieron bajo la convicción de que Jesucristo es el salvador y redentor del mundo. A menudo han llevado a cabo grandes sacrificios para llevar las buenas nuevas de Jesús a todas partes. Lo hicieron incluso poniendo en peligro sus vidas, en muchos casos, frente a la posibilidad del martirio. Ernest Nyáry, monje carmelita, descendiente de familia aristocrática, se comprometió con la pobreza en la comunidad carmelita, más tarde se convirtió en dirigente de la misión carmelita en Irak, y finalmente sirvió como arzobispo de Bagdad. Arrancado de su familia, de su país e incluso de Europa, viviendo en un país lejano, dedicó su vida a Cristo y a sus creyentes. Recomiendo de corazón el conocimiento de esta bella carrera para todos los lectores de este libro.

Vác, 16 de febrero de 2014.

Dr. Lajos Varga
Obispo auxiliar de Vác

## Recomendación

Monseñor Ernest Károly Albert Nyáry nació como aristócrata, vivió como aristócrata y murió como aristócrata.

Desde su juventud fue educado en la tradición caballeresca: la Fe, el Honor, la Caridad. Estos tres dones nunca le abandonarían desde su nacimiento hasta su muerte.

Después de haber cargado con la responsabilidad de ser el primer hijo de la familia, escuchó la llamada del Señor y acogió la palabra de Dios, esperando abrazar la tradición monástica, pero el señor tenía otros planes para su siervo. Dominando numerosos idiomas, fue enviado como cura a diferentes países.

Por su valentía durante la guerra, fue obsequiado con una distinción por parte de Francia.

Después de haber esperado ser enviado a China como misionario, fue a Bagdad donde el Señor le enviaría, como obispo primero y arzobispo de Bagdad finalmente.

Si durante toda su vida deseó vivir en humildad y pobreza, podemos sonreír ante el hecho de que fuera nombrado arzobispo al final de su vida.

Tuvo la alegría de ser recibido por Su Santidad el papa Pablo VI.

Después de su retirada en 1983 se quedaría en Irak tres años más, y posteriormente retornaría al monasterio de Avon, donde encomendó su alma a Dios. Está enterrado en Avon con una sencilla cruz sobre su tumba.

Para concluir, permítanme citar a su sobrina: Pasó de rico a pobre, de nuevo rico y vuelta a la pobreza.

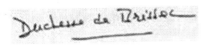

Duquesa de Brissac

## Recomendación

La incorporación de los recuerdos personales de los seres humanos en la historia escrita es determinada y posible a seguir desde nuestros comienzos. La vida instructiva para todos nosotros del obispo Ernest Nyáry, de recuerdo imborrable, monje carmelita, arzobispo de la misión católica latina de Bagdad fue redactado por la condesa Éva Nyáry con mucho respeto y fidelidad hacia las noble ideas y los acontecimientos de la vida del arzobispo de Bagdad.

Tenemos numerosos rasgos comunes con el obispo carmelita de los cuales nombraré nuestra nobleza, nuestra devoción a la Virgen María de Lourdes y nuestro compromiso hacia el servicio a la humanidad.

## De la nobleza.

Nació en aristocracia, que abandonó por una vida de pobreza y oscuridad, para llegar al puesto de obispo, pero ante muerte aspiraba de nuevo a la humildad.

Nuestro señor Jesucristo vestía también humildemente y había trabajado como carpintero, pero no renunció a su línea de sangre, su origen de la Casa Real de David, su eterno rango de Rey de Reyes, y ante todo no renunció a su origen como hijo de Dios. Esto es igualmente cierto para Ernest Nyáry. Fue y siguió siendo conde de Hungría/Eslovaquia, que llegó a ser príncipe de la iglesia universal de Jesucristo. Todo lo que tocó se convirtió en joya de la corona de Dios, por no hablar de su sencillo lugar de descanso en Avon, Francia. Permanezcamos conscientes del hecho de que nadie puede ser menos de lo que es, ya sea por imposición ó por auto-sacrificio.

## Lourdes.

El joven Ernest partió por primera vez a Lourdes en bicicleta desde París, donde llegó la noche del 29 de junio de 1928. Posteriormente realizó siete visitas más a esta ciudad sagrada. Entre otros, fue este lugar santo, la peregrinación vivida espiritualmente los que le inspiraron para comprometerse definitivamente a la profesión

# UN MOMENTO DE LA ETERNIDAD

eclesiástica, y que llegara a ser oficial del cuerpo militar de orientación cristiana.

Las elecciones relativas a nuestra profesión sobrepasan en nuestro caso todo deseo humano superficial y secundario, sustituido por la humildad verdadera y por la perseverancia durante toda una vida, ya sean nuestras tareas impuestas por la naturaleza o por el hombre. De esa manera comprendo perfectamente por qué y cómo el titular arzobispo Nyáry ha encontrado su compromiso para cumplir su credo y el de su familia: "Encuentra tu felicidad en lo que es humilde".

## En nombre de Dios, el servicio de la humanidad

El credo de Ernest Nyáry se corresponde perfectamente a esta misión. Me gustaría compartir una idea similar con los lectores de este libro distinguido, por no decir magnífico, la idea sabia del rey de Prusia, Federico el Grande, que pensaba que "el liderazgo debe ser como una vela, debe necesariamente arder para que otros vean y sientan su calor".

En el cénit de su actividad, Ernest Nyáry como obispo y arzobispo de Bagdad había servido en una antigua ciudadela reconocida del mundo musulmán como un general al estilo del príncipe Eugenio de Saboya, en el ejército del Señor. La simplicidad y la humildad de la vida carmelita le enriquecieron y reforzaron para conseguir los objetivos fijados por la Iglesia católica, sin exigir sacrificios, sólo asegurando a los conversos la iluminación obtenida del amor y perdón cristianos. Cuando el monje carmelita gobernó como arzobispo la misión católica latina de Bagdad en Irak, ejercía una gran tolerancia religiosa a pesar de todos los obstáculos interiores, que no es poco en sí mismo. Yo mismo estoy en condiciones de confirmar esto, después de haber estado involucrado en prolongadas negociaciones / deliberaciones con los líderes musulmanes basadas en la fe de las naciones del Medio Oriente. Podemos por tanto confirmar que el hombre que va con Dios llega siempre a su designación divina, a la casa de Dios nuestro Señor.

Debía contemplar la muerte todos los tiempos, fuera la mía o la de otros. No puedo no pensar en la muerte del más grande de los filósofos, de Sócrates. Tal como el oleo de Jaques-Louis David "La muerte de Sócrates" está gravada en mi memoria, veo al gran pensador rodeado de los miembros de su familia, jóvenes y mayores, amigos fieles. La partida de Ernest Nyáry de este mundo no difiere mucho de la de Sócrates. Los preferidos de Sócrates acudieron a verle, mientras Ernest Nyáry, el héroe condecorado por Francia en la Segunda Guerra Mundial, recorrió Europa entera para visitarles uno por uno, para hablarles de su experiencia de vida y despedirse de ellos por una última vez.

Nuestro Señor Dios lo llamó a su lado, el 17 de agosto de 1987.

Su tumba es modesta; sin embargo, su legado espiritual es de gran importancia y lo será siempre, correspondiendo a la fama histórica de la nobleza húngaro/eslovaca y al príncipe de la Santa Madre Iglesia, que se había consagrado a trabajar en la viña eterna del Señor según las tradiciones carmelitas.

Recomiendo solemnemente este libro históricamente precioso e inspirador de la condesa Éva Nyáry a todos las personas de mentalidad cristiana.

Prof. Dr. Paul W. Príncipe Gulgowski-Doliwa, Duque de Schlesien-Glogau

*Prudentia, Audacia, Robur, Perseverantia*